J'apprends

DU MÊME AUTEUR

La Chambre des parents, *roman, Fayard, 1997*

Nico, *roman, Stock, 1999, et Livre de Poche n° 15111*

À présent, *Stock, 2001, et Livre de Poche n° 15426*

Marée noire, *Stock, 2004, et Livre de Poche n° 30363*

Brigitte Giraud

J'apprends

roman

Stock

J'ai treize ans. Quatorze ans. Quinze ans.
J'apprends l'homme.

Louis CALAFERTE, *C'est la guerre*

1

J'apprends à lire. Je déchiffre sur les paquets d'emballage. Je ne sais plus m'arrêter. Pendant le repas, je fais des tentatives à voix haute. Da-none. Ca-mem-bert. Mes yeux traquent la moindre inscription. Du-ra-lex. Je lis tous les mots accessibles de la maison. Ra-dio-la. Je me brosse les dents Si-gnal. Je me lave les mains Mon-sa-von. Mon univers s'ouvre et se rétrécit. Je lis, je prononce, je me délecte de chaque syllabe. Je parle toute la journée à voix haute. Le long du chemin pour aller à l'école, j'énumère les slogans inscrits sur les murs. Li-bé-rez-Ni-coud. Votez-Kri-vi-ne.

J'apprends à lire sans le savoir, sans prendre conscience du miracle. Je passe désormais mes jours dans un endroit où le monde se démultiplie. J'ai six ans et je vais à l'école. Je fais partie d'un tout, j'oublie d'où je viens. J'oublie mes parents, mon demi-frère, ma sœur. Je suis au commencement d'un monde infini, fait de voyelles et de consonnes et tout devient possible. Tout trouve sa place, il existe une réponse à tout. Sur le tableau qui me fait face, il n'y a que des solutions, des combinaisons, des assemblages féconds. J'apprends le minuscule, l'invisible, l'énigme des syllabes et je comprends que c'est de moi que surgit l'inattendu, il se passe quelque chose à l'intérieur de moi, de nouveau, d'incommensurable. Je suis assise au premier rang, intriguée par la métamorphose. Ce qui était inerte s'anime. Ce qui était lointain apparaît. Ce qui n'existait pas se révèle en une promesse sans égale. J'apprends à lire et à engloutir le monde.

J'apprends un monde méconnu, fait de filles, de robes, de bonnets et d'écharpes. Des dizaines de modèles de filles, presque à l'identique. Un monde de barrettes dans les cheveux, de nattes, de couettes. Monde dupliqué, fait de pas dans les couloirs, de bottes qu'on enfile, de fermetures Éclair, de boutonnières. Un monde de portemanteaux, de sacs de toile, de chaussons, de blouses repassées, de chaussettes qui grattent.

Un monde où il faut trouver sa place, devant, derrière, seul ou ensemble. S'asseoir à sa place, rester à sa place, rester en place. Debout, je récite ma poésie. Au milieu des autres, je récite, j'apprends le regard des autres. Les yeux qui s'agrippent à ma blouse, à ma robe qui dépasse de ma blouse. Dire ma poésie sans hésitation, long tunnel sans respirer, avancer jusqu'au bout, puis m'asseoir enfin, oubliée pour un temps. Provisoirement sauvée. Un monde où le danger existe. Je pressens, malgré la voix rassurante de ma première institutrice, que le groupe est une menace, une force aussi, une bête qui bouge, jamais assoupie.

Petit monde de filles fait d'ongles et de grimaces, de rires étouffés, de silences et de chuchotements. Petite vague de filles qui montent les escaliers, enlèvent leurs manteaux, se mettent en rang avant d'entrer dans la classe, sortent leurs trousses de leurs cartables, répètent en chœur trois plus deux égale cinq. Petite vague soumise, qui ondule, qui respecte le règlement en bombant le torse. Petit bataillon prêt à l'attaque, prêt au repos. Prêt à toutes les compromissions. Prêt à apprendre sans la contester la loi des humains.

Tu n'auras d'autre vision du monde que celle de l'école de la République.

J'aime l'école, un endroit où le monde se déploie, où tout est neuf, où tout commence. Où tout est vierge sur des feuilles blanches. J'aime ce monde de peinture à l'eau, de crayons de couleur, de papier crépon. Un monde de feutrine, de coton, de ficelle. Un monde de transformation. J'aime les matières qu'on découpe, la paire de ciseaux qui crisse sur la feuille immaculée, le pot de colle qui sent l'amande, le crayon bien taillé. J'aime le temps occupé, les consignes qui rassurent, les gestes nouveaux. J'aime être accompagnée, encouragée. Protégée. J'aime quand on range le matériel, quand on met chaque chose à sa place. J'aime la chronologie, le découpage du temps. J'aime construire avec mes mains, avec des mots, j'aime élaborer, inventer, échafauder. J'aime être loin de la maison.

L'école est un monde d'automne et d'hiver, de feuilles mortes qu'on ramasse sur le chemin, qu'on observe, qu'on colle dans des cahiers. Feuilles de platane, de marronnier, de peuplier. C'est un monde de soleils pâles, de lumière artificielle, de ciels bas, de flaques dans la cour.

De pluie contre les vitres, de rafales de vent qui font bouger les stores. Un lieu avec des gants cousus aux manches des anoraks. Un univers de jaune et d'ocre, de gris et de blanc. Des bogues, des coques, des châtaignes, des noix. De la boue sous les semelles, de la neige et la promesse de vacances qui arrivent sans bonheur.

Le monde de l'école pénètre à la maison. J'ouvre mes cahiers sur la table de la cuisine, après qu'on a enlevé les miettes du goûter. Je fais mes lignes d'écriture assise face à la fenêtre. Je fais de petites queues en haut des *o* et en bas des *a*. Je me concentre sur les boucles du *f*. Je fais entrer l'école à la maison, j'invite la voix de mon institutrice à se substituer aux voix embrouillées de la radio qui marche dans la cuisine. Allonger la jambe du *p*, dit mon institutrice par-dessus mon épaule, étirer le *l* plus haut. Je trempe une dernière fois ma plume dans l'encrier et réussis à écrire : *Maman lave bébé.*

Toutes les phrases que j'apprends à l'école commencent par maman. *Maman prépare le repas. Maman coud un pantalon. Maman a de la température.*

Notre immeuble ressemble à un cube. Quatre fois quatre appartements. Dans le hall d'entrée : quatre fois quatre boîtes aux lettres. Quatre fois quatre familles de quatre, parfois cinq. La norme des années soixante-dix. En dessous, quatre fois quatre caves. Le lieu de l'interdit.

Quiconque va à la cave en ressort avec le cœur qui bat. On peut néanmoins la traverser en courant sans prendre de risque. Pas de long couloir mais un labyrinthe modeste dont le point le moins obscur abrite les poubelles. Dans la cave numéro sept, il y a la mobylette de mon père, une luge de bois, trois valises qui s'emboîtent les unes dans les autres. Il y a aussi des chiffons, des pots de peinture à moitié vides, des pinceaux dont le poil est collé, de l'huile de vidange, des outils, des chutes de papier peint, une chaise de bébé, des antivols dont on a perdu la clé, une canne à pêche, des boîtes de vers, un bateau gonflable crevé, des raquettes de badminton, un cheval à bascule, une pompe à vélo, des jardinières, un vieux tabouret, des bocaux. Un pouf en cuir avec des arabesques.

L'école me permet de comprendre et j'aime comprendre. Pourquoi les escargots ont des cornes. Pourquoi les œufs ont du jaune et du blanc. Pourquoi l'eau s'évapore. J'aime comprendre le cycle des saisons, la différence entre haut et eau, entre le nord et le sud. J'aime comprendre la nuit et le jour, les mers et les océans, l'adjectif qualificatif. J'aime comprendre comment le monde se nomme, se transforme.

J'apprends l'alphabet. Je le récite en marchant, en mangeant, en me déshabillant. Ce que je préfère est la chute, l'énumération des curiosités que sont W, X, Y, Z.

J'écris des phrases avec des sons compliqués. Je sais écrire des mots comme *aujourd'hui*, *éléphant*, *écureuil*. Je conjugue les verbes du premier groupe au présent : *je remercie*, *nous remercions*. À l'imparfait : *ma mère chantait*. Je conjugue le verbe être et avoir : *je suis contente*, *j'ai de la chance*. Je mesure la différence entre ce que je dois écrire au tableau et ce que je ressens vraiment. J'apprends que deux mondes peuvent exister ensemble, sans que cela se voie. J'apprends que l'on peut rire et être malheureux à la fois. J'apprends que l'on peut mentir sans avoir l'intention de mentir. J'apprends que l'on peut écrire *je* sans parler de soi.

Je finis par comprendre que rien n'est simple. Je dois tenir compte de ces deux mondes qui se superposent, qui m'écartèlent. À l'école, rien n'est triste. L'institutrice nous fait croire que le monde est beau. Le ciel est souvent bleu dans nos dictées. Les cœurs sont légers, les enfants sont gais. La nature est généreuse, les abeilles donnent du miel et la vigne du vin. Les cartes de France sont rassurantes. La Loire est le fleuve le plus long, le Rhône vient des glaciers et son delta forme la Camargue. Le mont Blanc culmine à 4 807 mètres. Je n'imagine pas que le mont Blanc puisse mesurer 4 806 mètres. Je n'imagine pas un monde différent, sans Massif central, sans mer Méditerranée. C'est un monde unique et idéal. Paris est la capitale de la France. Au Mont-Saint-Michel, la marée remonte à la vitesse du cheval au galop. La Corse est une île de beauté. Les volcans d'Auvergne sont éteints pour toujours. Tout est en ordre, parfaitement à sa place. Tout est définitif. Il est possible d'apprendre sans comprendre.

J'aime les poésies qui autorisent les cœurs brisés, les matins défaits, les crépuscules mélancoliques. J'aime la langue des poésies, inattendue, abstraite, d'une douceur suspecte. J'aime quand, debout sur l'estrade, je suis invitée à réciter :

Il pleure dans mon cœur / Comme il pleut sur la ville, / Quelle est cette langueur / Qui pénètre mon cœur ? même si je ne comprends rien à Paul Verlaine, même si les filles de ma classe ont l'air indifférent. J'aime dire ces phrases à toute allure et entendre mon institutrice me demander de ralentir. J'aime qu'il y ait les phrases de Verlaine entre mon institutrice et moi. La poésie remplit le vide, comble ce qui ne peut être dit par moi.

Quand nous entendons un bruit dans la montée d'escalier, mon demi-frère, ma sœur et moi nous précipitons pour regarder par le judas. Ma sœur me porte pour que mon œil soit à la bonne hauteur. Nous apercevons parfois le voisin d'en face qui transporte des planches. « Il met des étagères dans tout l'appartement », dit mon père en haussant les épaules.

J'aime quand mon institutrice fait l'appel et que je réponds présente. J'aime répondre à mon nom, à voix haute, j'aime mon nom même si c'est le nom de mon père.

Notre appartement fait quatre-vingt-dix mètres carrés. Le plafond est à deux mètres trente. Nous disposons de deux cent sept mètres cubes de surface respirable. Les chambres font onze mètres carrés, sauf la chambre des parents qui en fait douze. Je partage mes onze mètres carrés avec ma sœur, mais elle n'habite pas toujours avec nous.

L'école est le lieu où s'éveillent des sentiments nouveaux. C'est le lieu du classement, de la gratification. Lieu de la simplification, de la différence. Je ne m'en rends pas compte. Je suis un poisson dans l'eau de ce système si ordonné. Notre institutrice nous distribue des bons points. Une bonne note donne droit à un bon point. C'est simple, c'est limpide, c'est mathématique. L'école aime ce qui est quantifiable. Je range mes bons points par couleurs dans une boîte transparente. Quand j'ai dix bons points, mon institutrice me les échange contre une image avec un animal ou une fleur. Quand j'ai dix images, mon institutrice me donne une grande image. Les grandes images ne rentrent pas dans la boîte, je les mets dans le tiroir de mon bureau à la maison. Je suis alors réellement heureuse. Je ne suis pas gênée vis-à-vis des autres, qui ont moins d'images que moi. Non, cela ne me dérange pas de recevoir de mon institutrice autant de témoignages de satisfaction. J'ai les yeux grands ouverts, je suis prête à tout, j'ai besoin d'apprendre, j'ai besoin d'avoir confiance.

Les filles lèvent le doigt quand l'institutrice pose une question. Elles veulent être aimées. Elles veulent se distinguer, être la première, la seule, la meilleure. Parfois l'institutrice m'interroge. Je ne veux pas montrer que je sais. Je ne veux pas être comme les autres. J'éprouve quelquefois de la colère sans raison. De la jalousie aussi. L'école est le lieu de la confrontation, de la comparaison. Je n'aime pas être jugée en fonction de ce que je sais. L'école est le lieu de la simplification.

Je suis la première au classement. Je suis fière et déçue à la fois. Mon père est rassuré. Il n'a pas à se faire de souci pour moi. Ce n'est pas comme ma sœur qui ne veut plus sortir de l'appartement. Qui ne va plus au collège ni à la musique. Elle ne veut pas aller chercher du sucre au Casino, ni une bouteille de lait. Elle dit qu'elle a peur. Je suis la première et donc je vais bien. Je suis celle qui va bien.

Ça se complique quand c'est la maison qui entre à l'école, quand le savoir ne suffit plus pour rassurer les adultes. Il faut désormais rédiger des phrases, leur donner un sens, raconter une histoire. Il faut apprendre à mentir encore, à inventer des vacances heureuses au bord de la mer, des parties de luge au cœur de l'hiver. Dire à quel point on aime les animaux, la campagne et les bonnes odeurs du printemps. Il faut apprendre à se cacher, ne pas se laisser surprendre, ne jamais répondre aux énoncés des rédactions. Il faut dissimuler, laisser les adultes croire à notre innocence, notre inconscience, notre inconsistance.

Il ne faut pas faire ce que je fais, au début, quand mon institutrice inscrit sur le tableau : *racontez une soirée d'automne*. Il ne faut pas écrire : La nuit qui tombe à cinq heures. Le bruit de la Cocotte-minute, le bruit du mixer, la chaise vide de ma sœur, la louche pour servir la soupe, le lait que mon demi-frère verse dans la soupe pour la refroidir, le silence autour de la table. Il ne faut pas écrire : Celle qui n'est pas ma mère assise en face de moi. Le début de fou rire qui nous envahit, mon demi-frère et moi, et notre détresse qui grandit en même temps que le jour diminue. Il ne faut pas confondre l'énoncé des rédactions avec de vraies questions. Je dois inventer un monde spécialement pour le raconter à mon institutrice. J'apprends qu'on ne peut pas tout dire.

Celle qui n'est pas ma mère traverse le hall d'entrée avec de la mousse blanche sur les jambes. Je traverse le hall d'entrée en culotte et reste longtemps devant la glace. Mon demi-frère traverse le hall d'entrée sur son tracteur et fonce dans le mur. J'entends mon père chercher ses clés dans le hall d'entrée. Il est cinq heures du matin, je peux dormir encore longtemps.

L'école n'est pas un endroit où l'on peut se laisser aller. Un endroit où l'on peut déborder. Il suffit d'avaler le monde et de le restituer. Dans ses contours exacts, dans ses limites strictement tracées. L'école n'est pas un lieu d'improvisation, un lieu de questions, contrairement à ce que nous dit notre institutrice. Si nous ne comprenons pas, nous devons demander. Nous devons oser. Mais nous n'osons pas. Nous nous en remettons pourtant à notre institutrice avec reconnaissance. Elle devient le personnage central de nos existences, celle qui nous parle et nous écoute, celle qui attend quelque chose de nous. L'unique adulte qui requiert le silence quand nous prenons la parole. Mais c'est un adulte à qui nous ne parlons pas vraiment. Entre elle et nous, il y a la connaissance, il y a les épithètes, le cycle de l'eau, il y a les tables de multiplication. Entre elle et nous, il y a un langage qui n'est pas celui de la maison. Et c'est ce langage, nouveau, technique, précis, qui nous sauve, qui trace une voie parallèle, un détour indispensable, pour échapper à l'autre langue, maternelle, définitivement brouillée.

Nous avons chacune notre ardoise que nous brandissons au-dessus de notre tête. C'est facile et amusant. L'exercice grise les filles qui paniquent un peu avant de donner leur réponse. Nous avons une petite éponge de couleur rangée dans une boîte ronde. Après chaque réponse, nous effaçons les chiffres ou les lettres tracées à la craie. Il faut ensuite attendre que l'ardoise sèche. L'institutrice trouve que c'est trop long.

Celle qui n'est pas ma mère se fait sécher les cheveux sous le casque qu'elle accroche à la porte de la cuisine. Pendant ce temps, elle feuillette le catalogue Phildar. Mon père regarde un western à la télévision. Je termine d'apprendre ma leçon de géographie. Mon demi-frère est déjà couché.

J'apprends les centaines, les dizaines, les unités. J'apprends à compter jusqu'à mille.

J'apprends qu'on peut compter de mille en mille. Je découvre l'infini.

Nous n'avons pas le droit d'aller jouer derrière la colline. C'est-à-dire derrière le terrain vague à côté de chez nous. Il y a des espaces verts exprès pour les enfants, dit mon père, c'est prévu. « C'est pas la peine de chercher à vous planquer. »

J'apprends à faire mes lacets. Un genou à terre, l'autre sous le menton. Je maintiens la grande boucle. Je tourne autour avec le lacet et je dois encore le glisser dans le petit trou que mes doigts vont permettre d'obtenir si je les desserre un peu. Je récupère la nouvelle boucle avec deux doigts de ma main gauche. Je tire à peine sans défaire le tout. Mon ventre est crispé tout au long de l'opération. Ma sœur attend derrière, qui veut ses chaussures. Je bloque l'entrée du placard.

Nous n'avons pas le droit d'ouvrir la porte d'entrée en l'absence des adultes. « Même si ... ? – Même si. – Et si... ? – Vous n'ouvrez pas c'est tout », insiste mon père.

Le soir, il faut partager la table de la cuisine entre les devoirs et la préparation du repas. Je récite ma leçon sur les hommes préhistoriques pendant que tourne le tambour de la machine à laver. Les hommes préhistoriques vivent dans des cavernes alors que celle qui n'est pas ma mère ouvre dix fois le frigo. Ils chassent les animaux sauvages bien que mon demi-frère se serve un verre de sirop de grenadine. Ils confectionnent eux-mêmes leurs outils pendant que celle qui n'est pas ma mère reproche à mon demi-frère de se servir un verre de sirop avant le repas.

Il pleure sans raison / Dans ce cœur qui s'écœure. / Quoi ! nulle trahison ?... / Ce deuil est sans raison. Paul Verlaine.

Une fois par semaine, notre institutrice nous invite à écouter le programme d'initiation à la musique classique. Entrent par les ondes *La Symphonie des jouets*, *Casse-Noisette*, *Les Quatre saisons*... Nous devons reconnaître les compositeurs. Nous tournons notre tête vers la boîte accrochée au mur d'où sortent les mélodies. Nous oublions notre institutrice et regardons la boîte, éblouies. Je pressens que quelque chose de nouveau se prépare en moi. Quelque chose de puissant et d'incomparable, que je ne sais nommer, qui m'envahit, me submerge. L'école me fait toucher du doigt la beauté et la fragilité du monde, m'invite à franchir un pont. Mais une fois de l'autre côté, comment continuer à cheminer avec Vivaldi ou Tchaïkovski ? Je ne dis rien à la maison, jamais. Je ne parle pas de l'émotion qui s'empare de moi. J'imagine que l'école et la maison sont des mondes incompatibles. Je ne sais comment dire, comment transmettre une expérience aussi intense. Je ne sais comment sortir de moi.

Ce sont nos voisines de palier qui nous emmènent à l'école. Une semaine madame Lestrade, une semaine madame Vilot, une semaine celle qui n'est pas ma mère. Madame Martin ne nous emmène pas. Sa fille va dans une école religieuse.

Celle qui n'est pas ma mère a planté des volubilis sur le balcon. Ils s'enroulent autour des barreaux. On peut les voir depuis la salle à manger. C'est assez joli. Elle refuse de mettre des géraniums comme tout le monde. Elle dit que c'est trop ordinaire.

À l'école, le monde est horizontal ou vertical. Je fais des colonnes et des rangées. Je classe, j'ordonne. J'additionne les chiffres de haut en bas, puis de droite à gauche. J'écris de gauche à droite, puis de haut en bas. J'écris avec ma main droite. Je tiens mon buvard avec ma main gauche. J'apprends à dompter mon corps. J'apprends avec le corps.

Dans l'immeuble d'en face, il y a la famille Pichot. On ne les connaît pas mais on sait que ce sont les Pichot. On ne leur a jamais parlé. Celle qui n'est pas ma mère dit que le fils Pichot est un peu « mijaurée ». Je ne comprends pas ce que cela veut dire.

Quand mon demi-frère veut sortir, il demande s'il peut *descendre*. Depuis peu, il a le droit de *descendre*. Mon père exige qu'on le voie depuis la fenêtre. Quand un copain vient le chercher, il lui demande s'il *descend*. Une fois *descendu*, mon demi-frère joue aux travaux dans le bac à sable. Il construit des routes, des voies ferrées, des ponts, des échangeurs. Il se met à genoux dans les flaques d'eau. Quand mon père s'en aperçoit, il se penche à la fenêtre et crie : « Maintenant tu *remontes*. »

Le brouillard a tout mis / Dans son sac de coton; / Le brouillard a tout pris / Autour de ma maison. / Plus de fleurs au jardin, / Plus d'arbres dans l'allée; / La serre du voisin / Semble s'être envolée. / Et je ne sais vraiment / Où peut s'être posé / Le moineau que j'entends / Si tristement crier. Maurice Carême.

Pour arriver à l'école, il y a deux routes à traverser. La première est dangereuse, sans passage clouté. Madame Lestrade nous donne la main. Madame Vilot nous demande de rester derrière elle. Celle qui n'est pas ma mère ne nous donne pas de consigne particulière. Après la première route, nous empruntons sous un immeuble un passage où les voix résonnent. Nous marchons le long d'une aire de jeux, puis nous nous arrêtons devant la deuxième route. Madame Lestrade et madame Vilot nous accompagnent ensuite devant le portail de l'école. Celle qui n'est pas ma mère nous laisse partir seules en nous regardant de loin.

L'école est l'endroit où nous apprenons la différence entre un Breton, un Basque et un Provençal. Nous avons des images que notre institutrice affiche sur le tableau. Elle nous parle des costumes et des traditions. J'en déduis que ces gens un peu à part sont comme les poupées dans leurs boîtes de plastique que ma tante me ramène parfois de ses voyages. J'ai la poupée corse, la berrichonne, la landaise et l'alsacienne. Notre institutrice nous demande si nous connaissons certaines provinces françaises. Je pense à l'Algérie où je suis née mais j'ai peur de dire une bêtise.

Les bandes de pelouse qui séparent deux immeubles s'appellent des espaces verts. Ils ont été conçus spécialement pour la qualité de vie des enfants. Ces bandes de pelouse sont parsemées de buissons à épines. Sous nos fenêtres, il y a une installation en fer à escalader. Nous l'appelons le *machin vert*. Tous nos rendez-vous ont lieu sous le *machin vert*. On peut y grimper, on peut faire le cochon pendu. On peut s'asseoir en haut et discuter. Le seul inconvénient du *machin vert* est qu'il est pile sous la fenêtre de la chambre des parents.

À l'école, nous nous attachons à un adulte que nous devrons quitter. Nous le laissons s'approcher. Nous avons envie de lui faire plaisir. Nous le laissons parfois passer la main sur nos têtes. Nous ne savons d'où vient cet adulte, nous n'imaginons pas qu'il a une vie en dehors de l'école. Nous regardons notre institutrice comme une femme incorporée à l'école. Nous ne la voyons pas arriver le matin et partir le soir. Notre institutrice fait partie de nos vies. Nous pensons à elle le dimanche. Nous lui cueillons un bouquet de muguet.

Notre institutrice nous apprend à faire des gâteaux. Nous descendons dans la salle commune au rez-de-chaussée de l'école et recopions la recette du gâteau de Savoie. Tout le monde est volontaire pour casser les œufs. Pendant que le gâteau cuit dans le four, nous dansons une ronde provençale en chaussons et tablier bleu. L'institutrice met un disque sur l'électrophone et tape sur son tambourin avec une petite baguette. C'est un son nouveau, qui résonne mal dans la grande salle vide. Nous apprenons un refrain qui dit : *vibrent alors fifres et tambourins*. C'est le genre de phrase qu'on apprend à l'école et qui reste toute la vie.

Ce qu'on apprend à l'école primaire reste toute la vie. *Dunkerque, Calais, Dieppe, Fécamp, Étretat, Le Havre, Cherbourg.* Ce qu'on apprend par cœur reste toute la vie. *Neuf fois neuf quatre-vingt-un. L'eau bout à cent degrés.*

La Loire prend sa source au mont Gerbier-de-Jonc.

À la maison, ce que j'apprends est moins précis. J'apprends une chose et son contraire. Mon père et celle qui n'est pas ma mère n'ont pas les mêmes règles. Mon demi-frère peut *descendre* plus souvent que moi. À la maison, les réponses aux questions sont floues. Quand je demande pourquoi je ne peux pas lire le journal, mon père répond : « Tu le liras plus tard. » Quand je demande pourquoi ma sœur ne vit pas tout le temps à la maison, mon père répond : « Tu comprendras plus tard. » Je ne sais pas ce que veut dire mon père. Je me demande ce que signifie exactement « plus tard ». Dois-je attendre encore longtemps ?

Mon demi-frère joue avec son garage. Il place une voiture sur l'ascenseur mécanique et tourne la poulie à la main. Il répète la même scène inlassablement. Quand toutes les voitures sont stockées sur la plate-forme du garage, il les fait descendre par une voie en colimaçon, une par une. Il provoque parfois des accidents sur la route qui conduit au garage. Il arrive aussi qu'une voiture, après une collision en haut de la plate-forme, s'écrase dans le vide. Il accompagne la chute d'un bruit de bouche exagéré.

Je me demande si le monde spécialement réservé aux adultes est un monde où tout est grave.

À l'école, rien n'est grave. Le carré a quatre côtés égaux. Le cercle se dessine avec un compas. Un mètre égale cent centimètres.

A noir, E blanc, I rouge, U vert, O bleu : voyelles. Arthur Rimbaud.

J'aime me sentir au milieu des autres filles. Je découvre la multitude. Je lutte contre l'anonymat. Je perçois les voix, les noms, les couleurs de cheveux. Je ne peux dire si ces filles sont mes alliées ou mes ennemies. Je les sens différentes. Indifférentes. Je ne parviens pas à en saisir une dans la masse. Ces filles sont une seule et même fille. Elles sont proches et lointaines. Elles ne m'aident pas à répondre à mes questions.

Nous découpons du papier plié en huit pour en faire des cristaux de neige que nous collons aux fenêtres de notre classe. Nous avons une paire de ciseaux par groupe de quatre. Toutes les filles font les mêmes découpes. Tous les cristaux se ressemblent. Je n'aime pas que nous nous ressemblions.

Les châteaux forts ont quatre tours, des créneaux et un pont-levis. Les prisonniers sont enfermés dans des oubliettes. Autour du château, il y a des douves. Les chevaliers ont des armures et s'affrontent lors de tournois. Les troubadours vont chanter et danser de château en château. Les hommes du Moyen Âge jettent de l'huile brûlante sur les assaillants depuis le haut des créneaux. Ils partent en croisade et se battent contre les Arabes. Les Arabes sont nos ennemis.

Je m'entraîne, avec mon demi-frère, à sauter le plus grand nombre de marches possible dans l'allée. Malgré ses trois ans de moins, il en saute autant. Le plus difficile est d'éviter la porte vitrée de l'entrée de l'immeuble. Nous sautons un peu en biais mais nous avons peur d'atterrir dans les boîtes aux lettres. Le voisin du rez-de-chaussée sort de chez lui et nous disparaissons avant qu'il n'ait le temps de se mettre à crier.

La chasse d'eau est cassée. Mon père bricole avec sa caisse à outils. Au repas du soir, il nous donne les consignes pour manipuler la chasse d'eau sans risque : « Ne surtout pas appuyer à fond sur la languette. Accompagner le mouvement quand la languette remonte. » Personne ne parvient à suivre la consigne. La chasse d'eau coule toujours.

Les institutrices de l'école se regroupent pendant la récréation. Elles avancent dans la cour, quatre par quatre. Elles discutent ainsi, deux en marche avant, deux en marche arrière. Une fois dans un sens, une fois dans l'autre. Elles glissent leurs avant-bras l'un contre l'autre dans les manches de leur manteau.

Nous préparons un spectacle pour la fin de l'année. Nous apprenons à chanter ensemble. Nous apprenons à danser. Nous confectionnons nos costumes nous-mêmes. Nous vivons dans le bruit du papier crépon. Nous sommes des jonquilles, des marguerites. Nous sommes des libellules et des papillons. Nous sommes la nature qui s'éveille. Nous avons des antennes, des trompes. Nous avons des ailes. Nous imitons les gestes de l'institutrice. Nous apprenons par cœur une chorégraphie. Les filles n'arrivent à rien. Elles s'emmêlent dans leurs pas. Elles sont maladroites, elles ont le corps trop lourd ou trop frêle. Elles sont embarrassées par leur corps.

Elles ne marchent pas en rythme. Elles se collent les unes contre les autres. Elles marchent avec les pieds à l'intérieur. Elles ont les jambes en X. Elles ne savent pas lever la tête, reproduire le pas que montre l'institutrice, avancer au bon moment. Les filles sont molles. Leurs gestes sont mous. Je n'aime pas être une fille.

Avec mon demi-frère, nous installons deux chaises dans l'entrée, recouvertes d'une grande serviette-éponge que nous fixons avec des pinces à linge. Nous sommes dans notre cabane. Il faut rendre les chaises à l'heure du dîner.

Le jour où je rencontre mon institutrice au Casino, quelque chose de nouveau me saisit. Je m'arrête dans la rangée des yaourts et la regarde comme si elle était un personnage sorti d'un conte, une sorte d'apparition de Blanche-Neige. Mon institutrice, poussant devant elle un chariot, devient soudain réelle. Mes yeux ne parviennent pas à se détacher d'elle. Personne d'autre que moi ne se rend compte de la magie qui s'empare soudain du Casino tout entier. Je reste éblouie, parfaitement troublée. Celle qui n'est pas ma mère ne s'aperçoit de rien.

Le périmètre du carré est égal à la somme des côtés. Hiboux, choux, genoux, cailloux, poux. L'intestin grêle mesure huit mètres. Sept ôté de onze égale quatre et je retiens un. J'entoure le un et je le mets au grenier.

Nous nous lavons dans une baignoire sabot. Je m'enferme seule dans la salle de bains et fais couler de l'eau très chaude. Il y a de la buée sur les deux miroirs, celui au-dessus du lavabo et celui de l'armoire à pharmacie. Quand l'eau refroidit, je remets de l'eau brûlante. J'ai la tête qui tourne. Je monte sur le rebord de la baignoire sabot pour me voir nue dans le miroir de l'armoire à pharmacie. J'enlève la buée avec une serviette. Mais c'est trop risqué, mes pieds glissent et le miroir est mal placé. Il faudrait plutôt monter sur une chaise. À moins que j'essaie en déplaçant le coffre à linge sale qu'a fabriqué mon père. Quand on frappe derrière la porte, je sors enfin.

Les Égyptiens vivent dans des pyramides. Leurs morts ne meurent jamais. Ils se transforment en momies. Leur écriture est illisible. Ce sont des hiéroglyphes. Les Égyptiens dessinent des scènes de la vie quotidienne sur les murs. Les êtres humains sont représentés de profil. Le chat et l'ibis sont des animaux sacrés. Le plus célèbre pharaon d'Égypte s'appelle Toutankhamon.

Mon demi-frère pleure quand mon père lui coupe les cheveux. Il ne veut pas qu'on le touche. Il n'arrête pas de bouger. Mon père lui dit qu'il va finir par lui planter les ciseaux dans l'œil. Mon père s'impatiente. Il se retient de ne pas lui mettre une claque. Il a la tête de celui qui se retient.

Mon père frappe à la porte de notre chambre à cinq heures du matin. Ma sœur et moi avons sommeil mais nous devons partir en vacances. Les valises occupent tout le hall d'entrée. Celle qui n'est pas ma mère dit que ça ne rentrera jamais dans le coffre de la voiture. Elle court d'une pièce à l'autre dans sa robe à pois. Mon père dit qu'il ne voit pas pourquoi ça ne rentrerait pas. Celle qui n'est pas ma mère demande si on a bien sorti la carte routière. Elle récapitule : « Lampe électrique-trousse à pharmacie-ambre solaire-jeux de société. » Elle ouvre tous les tiroirs. « Ciseaux-torchons-ouvre-boîtes-pinces-à-linge. » Mon père accélère le mouvement. Celle qui n'est pas ma mère demande encore une minute, ouvre la porte de l'armoire de la chambre des parents. « Épingles à nourrice-

Tupperware-médicaments ». Mon demi-frère a installé son garage en plein milieu de l'entrée. Mon père commence de descendre les valises. Je finis mon petit déjeuner dans la cuisine. J'essuie la table. Celle qui n'est pas ma mère rince l'éponge après moi. « Décapsuleur-savon-rasoir. » Mon père fait un deuxième voyage et demande de l'aide. « La lessive, on allait oublier la lessive ! » crie celle qui n'est pas ma mère. Personne n'écoute. Elle répète : « Heureusement que j'ai pensé à la lessive ! » Ma sœur retourne dans notre chambre. Elle ne veut pas partir en vacances.

J'aime écrire. J'aime tracer les lettres majuscules, les boucles du H qui n'en finissent pas. J'aime écrire entre les lignes, surtout ne pas dépasser. J'aime composer des phrases, assembler des mots. *Mais, où, et, donc, or, ni, car.* J'aime les phrases de l'école qui simplifient le monde : *Le départ en vacances met toute la famille en joie.*

À l'école, nous vivons au rythme du calendrier. Chaque matin, nous écrivons la date sur nos cahiers. Nous apprenons les solstices et les équinoxes, les mois à trente et trente et un jours, les quatre saisons, les années bissextiles. Le monde se divise en quatre couleurs : marron pour l'automne, blanc pour l'hiver, vert pour le printemps et bleu pour l'été.

Mon père m'apprend à pêcher dans le Rhône. Il suffit d'accrocher un ver au bout de l'hameçon. Quand un poisson mord, je suis paniquée. J'appelle mon père et me tords les pieds sur les galets. Je ne veux pas que le poisson meure. Mais c'est trop tard, mon père décroche l'ablette et la met dans un seau. À la fin de la journée, nous avons assez de poissons pour faire une friture. Celle qui n'est pas ma mère dit qu'il ne faut pas compter sur elle pour faire cuire notre bazar.

Le capitaine Jonathan / Étant âgé de dix-huit ans, / Capture un jour un pélican / Dans une île d'Extrême-Orient. / Le pélican de Jonathan, / Un matin pond un œuf tout blanc / Et il sort un pélican / Lui ressemblant étonnamment. Robert Desnos.

À l'école, nous observons ce qui est minuscule. Les veines du bois, les pores de la peau, la plume d'un oiseau. Nous ne regardons plus le monde de la même façon. Notre univers est fait de cailloux, d'herbes, de coquilles d'œufs. De moisissure, de mie de pain, de pelures d'orange. Nous récupérons, détournons, expérimentons.

Écrire me donne un pouvoir nouveau. Je peux m'arranger avec les mots. Je peux décider. Utiliser ou ne pas utiliser tel mot. Je peux construire une histoire avec mes mots à moi. Je peux inventer une histoire qui n'est pas la réalité. Je suis la seule à savoir.

Je peux choisir de dire la vérité. Je peux donner ma version des faits. Mais personne n'aime lire la vérité. Je peux écrire sans que personne ne lise. Il suffit de déchirer la page. En deux, en quatre, en huit, en seize et de jeter le tout dans les W.-C.

Au mois de mai, notre institutrice nous demande d'apporter des lentilles, des pâtes ou des haricots rouges. J'apporte des spaghettis et ça ne va jamais. Nous confectionnons le cadeau de la fête des Mères. Un tableau en légumes secs. Il arrive que notre institutrice ait l'idée d'un bijou. Nous peignons alors des macaronis en rouge, en jaune, en vert et fabriquons un collier. Je n'aime pas le jour où je rentre à la maison avec le cadeau de la fête des Mères. Je l'oublie au fond de mon cartable. Je le retrouve bientôt en miettes.

Chez la voisine d'en face, il y a des réunions Tupperware. Celle qui n'est pas ma mère s'y rend après le travail. Je ne sais pas ce qui se passe dans ces soirées, mais je devine que c'est réservé aux femmes. Et encore pas n'importe quelles femmes. Je crois comprendre que ces réunions ont quelque chose de secret. Quand elle va aux réunions Tupperware, celle qui n'est pas ma mère revient avec des récipients en plastique mous et des couvercles. La dernière fois, elle a rapporté un trio de table encastrable : sel, poivre, moutarde, dans des couleurs orange, marron, beige.

Pour mon anniversaire, je demande un tableau noir sur pieds et une boîte de craies. J'écris des débuts de phrase sur le tableau. J'ai envie de raconter une histoire que je ne ferai lire à personne. Sauf à ma sœur. J'installe mes poupées au fond de la pièce et je leur parle. Je leur montre comment construire une phrase. Je les interroge pour voir si elles ont bien compris. Certaines d'entre elles n'écoutent pas. C'est toujours les mêmes qui bavardent.

Je regarde la télévision avec mon père. C'est un film d'amour. Quand l'homme et la femme s'embrassent, je suis gênée. Je tourne la tête de l'autre côté. Le lendemain, à l'école, les filles parlent du film d'amour. Toutes ne l'ont pas vu. Celles qui ont regardé doivent raconter. Je ne dis rien. Je veux savoir si elles vont dire la vérité. Je me tiens inexplicablement à l'écart alors que je pourrais donner tous les détails, jouer un rôle important. Quelque chose m'empêche de raconter. J'ai l'impression de détenir un lourd secret.

Il y a un vieux vélo dans le garage chez ma grand-mère. Il est rouillé mais il est à ma taille. Il est aussi à la taille de ma sœur. Mon père achète un pot de peinture grise et repeint le vélo après avoir poncé le cadre. Ensuite, il change les freins et la sonnette. Depuis le balcon, je regarde ma sœur qui apprend à faire du vélo, avec mon père qui court derrière en tenant la selle. Elle zigzague et fonce dans les buissons.

Il paraît qu'il se passe des choses dans une cave près de l'école. J'ai entendu dire pendant la récréation qu'une fille qui s'appelle Patricia s'allonge nue sur des matelas. J'ai entendu dire qu'on l'attache et que des gens ont vu des scènes en regardant par-dessous la porte. J'ai entendu dire que cette fille se couche bras et jambes écartés sur des matelas. Même en plein hiver.

J'imagine que cette Patricia fait ça après l'école. Ça m'étonne quand même un peu.

Dans notre immeuble, chaque famille a au moins deux enfants et transforme le salon en chambre à coucher. C'est la seule amélioration possible. Une fois la cloison d'aggloméré montée, le chef de famille peut se reposer pour l'éternité. La transformation du salon alimente les conversations dans la cage d'escalier. Sont bien vues les familles qui ont fait l'aménagement, celles qui se sont donné du mal. Un bon mari est un mari bricoleur. L'oisiveté est le contraire du bricolage. Les familles qui n'ont toujours pas posé la cloison d'aggloméré sont suspectes. On entend dire dans la montée d'escalier que certains préfèrent disposer d'un salon ET d'une salle à manger plutôt que de donner une chambre à chacun de leurs enfants. Les enfants s'entassent dans des lits à étages pendant que les parents reçoivent dans leur salon, entend-on dire devant les boîtes aux lettres.

L'aire est la mesure d'une surface. Les phrases impératives servent à donner un ordre, un conseil, une invitation. L'adjectif qualificatif s'accorde en genre et en nombre avec le nom.

Ma poupée préférée s'appelle Martine. Elle marche quand on lui tient la main. Elle prononce aussi plusieurs phrases : « Oh, je t'aime maman ! », « Viens jouer à la classe ! », « Change-moi de robe », « Peigne mes cheveux s'il te plaît » d'une voix mécanique légèrement désespérée.

Le mari de la voisine d'en face a posé des étagères dans les toilettes. C'est bien pratique. On aime ce qui est pratique. Le roi du rayon, comme l'appelle mon père, a acheté une perceuse à percussion, dit-on dans la montée d'escalier.

J'installe le miroir de ma chambre face à moi sur mon bureau. Je découvre, en me dessinant, que mon visage n'est pas symétrique. Surtout la bouche. J'ai du mal à réaliser le contour des yeux. Je suis obligée de gommer. Mon demi-frère veut entrer dans ma chambre mais je ne réponds pas. Il insiste et je suis obligée d'ouvrir après avoir caché mon dessin. Il ne veut rien de spécial. Je reprends mon portrait et suis satisfaite. C'est ressemblant, sauf les joues, trop grosses. La fille sur le dessin est assez jolie. Le regard, peut-être, est un peu éteint. Le soir, je demande à mon père : « Pour avoir de beaux yeux, c'est pas la couleur qui compte ? C'est surtout la forme, non ? » Mon père, pas du tout psychologue, répond : « Oh non ! Des yeux d'un bleu profond, il n'y a rien de plus beau. »

Nous nous approchons de la cour des garçons. Certaines filles s'attardent en riant. Moi, je regarde de loin, sans jamais montrer ce que je ressens. Vivre séparée des garçons ne me pose pas de problème. Leur cour est plus agitée que la nôtre et les couleurs ne sont pas les mêmes. J'y vois principalement du bleu et du gris. Les garçons sont une masse mouvante gris-bleu.

Le dimanche matin, j'accompagne celle qui n'est pas ma mère au marché. En hiver, nous achetons parfois de la choucroute. Nous nous arrêtons sur le stand du marchand de tissus. Elle veut me faire un manteau, prétendant que c'est moins cher qu'un manteau confectionné. Je dois lever le bras en plein milieu du marché pour qu'on prenne la mesure. Elle parle de longueurs et de largeurs avec le forain. Elle veut que je choisisse un patron. Je ne trouve rien qui me plaise.

Après avoir mis des bulletins dans l'urne du Casino, nous gagnons un mouton vivant. Mes parents nous font croire qu'on va le mettre sur le balcon. Finalement, celle qui n'est pas ma mère encaisse le prix du mouton en bons d'achat. Nous sommes déçus, mon demi-frère et moi.

Les Chinois mangent du riz. Les Africains habitent dans des cases. Les Indiens dansent autour du feu pour chasser les esprits. Les Esquimaux mangent de la graisse de baleine. Les Algériens construisent des routes.

Mon père prépare le concours de conducteur de travaux. Il a enregistré ses cours sur un magnétophone. À l'heure de la sieste, il s'allonge sur le canapé de la salle à manger et met le magnétophone en route. Il s'endort presque instantanément. Le cours continue de résonner dans la pièce. Mon père s'est levé à quatre heures et demie du matin pour aller travailler. Quand il aura réussi le concours, il gagnera au moins une heure de sommeil.

J'aime de plus en plus la musique classique. Je reconnais tous les compositeurs, quelques mesures me suffisent. Les jours où nous avons musique à l'école sont de belles journées.

Je vais au stade avec mon père voir OL-Marseille. « C'est le match de la saison », dit mon père. C'est Marseille qui mène. Ça s'excite dans les tribunes. Mon père me recommande de ne pas perdre des yeux le numéro dix. Skoblar. La deuxième mi-temps commence très chaudement. Le stade se met à hurler : *L'arbitre salaud, l'OL aura ta peau !* Je n'ose pas crier à cause du gros mot. On n'a pas le droit de dire de gros mots à la maison. Mon père crie, je crie aussi. Je dis *salaud* sans problème. Je n'en reviens pas. Je dis *salaud* et tout va bien.

Les tables de multiplication sont inscrites au dos de nos cahiers. Je me sens bien avec la table du cinq. Je l'apprends sur-le-champ. Je veux faire la surprise le soir à celle qui n'est pas ma mère : la réciter d'une traite. À l'endroit et à l'envers.

Ma sœur me dit que vivre ne l'intéresse pas. Je ne m'étais jamais posé la question. Je voudrais lui demander si c'est à cause de maman. Je suis sur le lit d'en haut, et elle en bas. J'entends sa respiration dans le noir. Je ne réponds rien. Je voudrais parler, enchaîner, mais aucun son ne sort de ma bouche. Je voudrais lui poser une question. Mais il me faudra attendre encore longtemps. Je reste toute raide dans mon lit avec le sentiment que je suis un monstre.

J'ai une copine qui s'appelle Catherine. Le matin je retrouve Catherine, je m'assois à côté de Catherine. À la récréation, je joue à l'élastique avec Catherine. Je ne lui raconte rien de ma vie à la maison. Elle non plus. Nous parlons tout le temps mais nous ne nous disons rien.

Mes parents nous emmènent chez Bricorama, ma sœur et moi, pour choisir un nouveau papier peint pour notre chambre. Je choisis un papier vert et marron, avec de grosses fleurs. Ma sœur veut un papier orange. Nous devons nous mettre d'accord. Ma sœur fait une crise de colère et se précipite vers la sortie. Celle qui n'est pas ma mère court derrière elle. Mon père sort son paquet de cigarettes de sa poche. Nous quittons le magasin sans avoir choisi le papier peint.

Celle qui n'est pas ma mère se plaint du chauffage par le sol qui fait gonfler les jambes. Par contre, c'est une aubaine pour mon demi-frère qui se réveille tous les matins à l'aube et joue aux petites voitures sur le lino de la salle à manger.

La mère de Patricia Lestrade sonne à la porte et demande si nous pouvons la dépanner en farine. Elle est désolée de déranger, absolument confuse, parfaitement honteuse. Celle qui n'est pas ma mère est ravie de lui rendre service, vraiment très heureuse, réellement touchée. « Non, vraiment. – Oui, vraiment. – À votre service. – Je ne vous remercierai jamais assez. Vraiment. »

Quand on tire les volets de bois montés sur rails métalliques, tout le quartier, alerté, sait que nous allons nous coucher. Nous vivons au rythme des volets que chacun tire ou pousse à tour de rôle. « Tiens, les Vilot sont déjà levés ! » dit mon père. C'est notre signe de ralliement. Notre conscience collective. Quand le volet sort du rail, c'est la tuile. Il faut aller chercher la caisse à outils. Nous avons tous les mêmes appartements, les mêmes emmerdements.

Quand je fais la classe à mes poupées, je ne me laisse pas marcher sur les pieds. Si elles ne connaissent pas la bonne réponse, je les attrape et les jette au fond de la chambre. Elles atterrissent contre le mur après un court vol plané. Cela sert de leçon à celles qui n'ont pas encore répondu à la question.

Le dimanche après-midi, les murs tremblent à cause de Lestrade qui fait des trous avec sa perceuse à percussion. J'entends mon père jurer depuis la salle à manger où il regarde la télévision. Nous croyons à chaque instant que ça va s'arrêter. Après une courte pause, le bruit reprend de plus belle. Quand Lestrade a enfin terminé, c'est le voisin d'en dessous qui commence.

Le matin, Catherine m'attend de l'autre côté de la rue. Je vais à l'école seule désormais et nous partons ensemble. Nous ne disons rien de spécial pendant le trajet. Quand nous passons près de la cour des garçons, nous recevons des boules de neige. Alors nous ripostons.

Le soir, nous jouons parfois aux petits chevaux. Mon père joue à contrecœur, je le sens bien. Quand le cheval de mon père arrive à la hauteur du nôtre, il le dégomme si fort qu'il faut récupérer notre cheval à l'autre bout de la cuisine.

On emploie les phrases exclamatives lorsqu'on ressent une émotion forte : énervement, colère, étonnement, surprise, joie, douleur.

Une dame qui vend des encyclopédies au porte-à-porte se retrouve dans l'entrée de l'appartement. Mon demi-frère sort de sa chambre pour aller aux toilettes. Ma sœur veut justement aussi aller aux toilettes. La dame s'enferme avec mes parents dans la salle à manger. Quand elle repart, nous n'osons pas ouvrir nos portes tout de suite. Nous avons l'impression que nos parents ont acheté quelque chose.

Nous apprenons l'heure. Notre institutrice a confectionné une grosse horloge en carton avec des aiguilles que nous actionnons nous-mêmes. *Quelle heure est-il madame Persil ? Huit heures et quart, madame Placard. En êtes-vous sûre, madame Chaussure ? J'en suis certaine, madame Mitaine.*

Après l'école, je vais à l'entraînement de gymnastique. Madame Verdi a des yeux bleus avec des cils noirs très courts. Elle est toujours en collants. Elle a les mollets très musclés et des chevilles fines. Elle est de bonne humeur. Elle a une voix qui porte. Elle est obligée de crier dans la poussière du gymnase. Je n'ai pas le temps de prendre une douche avant de rentrer. C'est l'hiver et il fait déjà nuit. J'attends Solange et Françoise qui n'ont pas l'air pressé. On fait le chemin ensemble jusqu'à mon immeuble.

Je regarde la télévision avec mon père. C'est un spécial Joe Dassin. Je connais les paroles de ses chansons par cœur. Je chante discrètement en même temps que lui. Joe Dassin a dans le regard quelque chose de Clarence, le lion du feuilleton *Daktari* que je regarde avec mon demi-frère le jeudi après-midi.

Quand le jardinier tond la pelouse de l'école, il faut fermer les fenêtres à cause du bruit. Nous continuons la leçon dans l'odeur de l'herbe coupée.

J'attends mon tour pour que mon père m'apprenne à faire du vélo. Quand ma sœur jette le vélo en pleurnichant, je crie depuis le balcon que j'arrive. Mon père tente de baisser légèrement la selle. Le système est grippé ; il faut aller à la cave chercher un outil. Je démarre en ligne droite, sûre que je suis plus douée que ma sœur. Mais j'ai peur de la pente, le vélo ne tient pas, il vacille et mon père, debout derrière, me maintient difficilement en équilibre. Je refais plusieurs tentatives, je place mon pied droit sur la pédale levée, je me concentre mais tout semble me dévier de ma trajectoire. Je crois que la dame au manteau rouge va me foncer dessus, que le chien va se jeter sous mes roues. Je fais quelques mètres et le vélo part de côté, fonçant dans le mur de la cave. Je place mon pied droit sur la pédale levée, je fixe un point devant moi, les mains crispées sur le guidon, mais cette fois, c'est le bord du trottoir qui s'approche. Mon père accourt au bon moment et stoppe le vélo. Je place mon pied droit sur la pédale levée, le ventre crispé, la main gauche prête à freiner. J'avance et dérape sur les graviers. Découragée, je remonte et dis à ma sœur que la selle était mal réglée.

J'apprends à me servir du dictionnaire. Je crois que le mot que je cherche n'y est pas. Je me récite l'alphabet depuis le début. L, M, N, O, P. Je me concentre sur l'alphabet et je perds le mot. G, H, I, J, K. Je recommence. Je vais trop vite. Je m'aide avec mon doigt. Quand le mot apparaît sur la page, c'est un éblouissement.

Je vais au stade avec mon père. Il fait froid. Je souffle dans mes mains. Bientôt j'ai envie de faire pipi. Je n'ose pas demander. Je décide d'attendre la mi-temps. Je quitte les gradins et m'aventure sous les tribunes à la recherche des toilettes. Impossibles à trouver. J'ai peur de la foule qui mange des merguez et boit de la bière. Je rejoins mon père sur les gradins. Pendant la deuxième mi-temps, c'est la torture. Je suis obnubilée par mon envie de pisser. J'essaie tous les mouvements de contraction et décontraction de l'abdomen mais rien n'y fait. Je desserre la ceinture de mon pantalon. Pendant ce temps, l'OL marque un deuxième but contre Saint-Étienne. J'explose. Je bouge les jambes. Je me raidis totalement puis au contraire me ramollis mais rien n'y fait. Je tente différentes façons de respirer. Je ne vois rien du match, j'ai trop mal. Mon père à côté ne se doute de rien. Il est dans l'action, impressionné par le jeu de Saint-Étienne. Je hurle intérieurement, je me tords, je suis paralysée. Puis, n'y tenant plus, je laisse couler un filet d'urine dans mon pantalon. C'est chaud. Je suis obligée. Ça coule encore puis le chaud devient froid et poisseux. Je me demande comment je vais m'asseoir dans la voiture pour le retour à la maison.

Quand on multiplie un nombre par zéro, le produit est toujours égal à zéro.

Pour mes cours de gymnastique, il faut m'acheter un justaucorps et des kroumirs. Je fais des tresses pour ne pas être gênée par mes cheveux. J'apprends à marcher sur la poutre sans tomber. J'apprends à marcher aussi à reculons. Je rentre à la maison juste pour le repas du soir.

Patrick et Jean-Luc Rodet habitent au deuxième étage. Quand il pleut, nous restons assis devant les boîtes aux lettres. Ils me disent que leurs parents sont divorcés. On entend dire de madame Rodet que c'est une femme divorcée. J'en déduis que femme divorcée a une signification particulière. Je crois comprendre de quoi il s'agit. Je crois que c'est une femme qui reçoit des hommes. Peut-être qu'elle se couche nue sur les matelas comme Patricia.

Mon père moud le café le soir pour ne pas faire de bruit à cinq heures du matin. En principe il attend la fin du film.

Patrick et Jean-Luc Rodet vont à Grenoble pour voir leur père. Patrick a mon âge et pourtant rien ne passe entre nous. Il me donne l'impression d'avoir un cœur dur. Il ne s'intéresse pas à moi du tout.

Un médecin entre pour voir ma sœur. Ce n'est pas le docteur Nerf. On m'invite à quitter la chambre. Je n'ose pas poser de question. Après, le docteur et mes parents s'installent dans la cuisine en fermant la porte. Puis celle qui n'est pas ma mère conduit le docteur dans la salle de bains. Je demande à ma sœur si elle a des médicaments. Elle répond que sa maladie n'a pas de nom.

Quand ma sœur n'est pas là, j'ai peur la nuit. Mes vêtements posés sur la chaise font un tas menaçant. Surtout vus d'en haut. Je pourrais dormir en bas mais l'idée de me glisser dans ses draps me donne des frissons. J'ai peur d'attraper le même mal qu'elle.

Nous n'avons pas le droit d'aller jouer derrière la colline. Parce qu'il y a *la bande à Brûlé*. C'est un gang qui, paraît-il, brûle des chats. Il y a aussi une sorte de cabane dans laquelle vivent des gens.

J'aime aller chercher le pain. La baguette coûte cinquante-six centimes. Nous mangeons en principe deux baguettes par jour. Mon père exige, par exemple, que nous mangions notre fromage avec du pain.

Il y a une radio-tourne-disque sur le buffet de la cuisine. J'ai tous les disques de Sheila. Quand mes parents ne sont pas là, j'écoute et chante en même temps. Le jeudi, jour sans école, je sais que Patrick Rodet va à la piscine le matin. Je mets la chanson *Quand une fille aime un garçon* très fort. Pour qu'il entende en montant l'escalier un peu avant midi. Je remets la chanson jusqu'à ce que j'entende passer Patrick Rodet. Je guette derrière le judas. J'ai le cœur qui bat.

Patricia Lestrade sonne à la porte et demande si je peux aller jouer chez elle. Elle est la fille que celle qui n'est pas ma mère aurait rêvé d'avoir, avec un bandeau dans les cheveux et un faux sourire. Je vais chez elle en pantoufles avec mes chaussettes à mi-mollets. Elle ouvre son secrétaire dans lequel sont rangées toutes ses boîtes de jeu. Elle me propose de choisir, comme dans un conte de fées. Nous nous asseyons sagement sur son lit et commençons une partie de jeu de l'oie. Quand la partie est terminée, elle range toutes les pièces dans leur boîte et remet la boîte exactement à sa place dans le secrétaire. Sa mère nous installe à la cuisine et nous sert de la limonade et du Savane marbré au chocolat. Ensuite sa mère essuie la table dans un geste maniaque. Nous retournons nous asseoir sur le lit, pour rien. Nous n'avons pas le temps de sortir un autre jeu. Après mon départ, j'imagine qu'elle lisse son couvre-lit pour effacer les traces de mon passage. Sa mère passe sans doute derrière pour lisser ce qui vient d'être lissé. Elle inspecte, contrôle, empêche.

C'est une soirée à la télévision avec Roger Pierre et Jean-Marc Thibault. L'un des deux danse avec un pouf. C'est très drôle. Mon père et moi rions aux larmes. Nous nous tenons chacun le ventre et basculons d'avant en arrière sur le canapé. Nous rions tellement fort que celle qui n'est pas ma mère finit par entrer. La voir entrer en plein milieu sans rien comprendre nous fait rire encore plus fort.

J'apprends à faire de petits sauts sur la poutre, puis un demi-tour. J'apprends à marcher en rythme. J'apprends à sauter par-dessus le cheval. J'apprends à respirer, à souffler, à me concentrer.

Le dimanche matin, nous entendons « Tino Rossi » qui chante dans la rue. Nous nous installons sur le balcon et regardons l'homme qui virevolte entre les voitures du parking. Sa voix fait écho sur le bâtiment d'en face. Il s'adresse à nous comme si nous étions le public d'un théâtre. Il fait de petits pas en se trémoussant. Il écarte les bras en forçant les notes qu'il tente de tenir le plus longtemps possible. Il a les cheveux gominés et le regard noir. Il porte des vêtements de gala. Il ne chante que par beau temps. Certains lui jettent des pièces depuis leur fenêtre.

Il remercie, il salue. Il est le héros de nos dimanches matin. Celle qui n'est pas ma mère dit qu'il est toqué. Mon père dit que le soleil lui a trop tapé sur la tête. C'est un pied-noir, paraît-il, qui ne s'est jamais remis du départ d'Algérie.

Ouvrez, les gens, ouvrez la porte, / Je frappe au seuil et à l'auvent, /Ouvrez, les gens, je suis le vent, / Qui s'habille de feuilles mortes / - Entrez, monsieur, entrez, le vent, / Voici pour vous la cheminée / Et sa niche badigeonnée, / Entrez chez nous, monsieur le vent. Émile Verhaeren.

Quand le soleil tape sur les vitres de la salle de classe, notre institutrice ouvre les fenêtres et descend les stores. Nous sommes plongées dans la semi-obscurité. L'ambiance est celle d'une tente de camping. Il n'y a plus de dedans et de dehors. Les bruits du monde se mêlent aux terminaisons des verbes au passé simple. Il n'est plus possible d'apprendre.

Mon demi-frère n'a pas le droit de faire de la voiture à pédales dans l'appartement. Il n'a pas le droit d'en faire dehors parce que les trottoirs sont en pente. Il lui reste le balcon, mais celle qui n'est pas ma mère s'inquiète pour ses pots de fleurs.

Patricia Lestrade est à l'hôpital. Elle a été opérée de l'appendicite. Celle qui n'est pas ma mère pense qu'il serait bien de lui rendre visite. Elle pense que c'est la moindre des choses. Elle se demande ce qu'on pourrait lui apporter. Elle veut absolument apporter quelque chose. Elle réfléchit une partie de la journée. Celle qui n'est pas ma mère entre dans la chambre avec moi. Je reste près du lit et ne sais pas quoi dire. Patricia a décidé, semble-t-il, de ne pas parler. Celle qui n'est pas ma mère pense que c'est à cause de la cicatrice. Moi je sais que c'est à cause d'autre chose. On n'a rien à dire, c'est tout. C'est simple et normal. Je peux rester avec Patricia sans rien dire. Celle qui n'est pas ma mère essaie de trouver des sujets de conversation. Elle est gênée du silence qui règne dans la chambre. Les adultes ne peuvent rester dans le silence. Heureusement, elle sort les After Eight de son sac, ce qui fait diversion une minute. Patricia remercie et pose les chocolats sur la table de nuit. Elle dit ensuite qu'elle n'aime pas la menthe. Le silence reprend et dure un peu. Puis les parents de Patricia arrivent. Ma mère est sauvée. Remerciée. Vraiment, oui vraiment. Il ne fallait pas nous donner cette peine. Celle qui n'est pas ma mère est une voisine comme tout le monde aimerait en avoir.

Pour le mariage de ma tante, ma sœur et moi devons porter une robe de velours rouge avec un col-de-cygne. Ma sœur dit qu'il n'est pas question que nous soyons habillées pareil. Elle menace celle qui n'est pas ma mère qui confectionne nos robes avec sa machine à coudre. Elle dit qu'elle n'ira pas au mariage. Elle dit qu'elle se sauvera. Elle dit qu'elle ne veut pas être une demoiselle d'honneur.

Une et deux. Une et deux. Série de cent abdominaux. Échauffement. Allongée sur le tapis de sol. Concentration maximale. La tête vide. Inspirer, souffler. Madame Verdi tape dans les mains, accélère le tempo. Sept filles, parfois cinq, parfois quatre. Je souffre sur le tapis. Mon ventre brûle. Mes cuisses deviennent dures. Quatre-vingt-seize, quatre-vingt-dix-sept, quatre-vingt-dix-huit, quatre-vingt-dix-neuf, cent. Je suis morte. Nous sommes toutes mortes. J'agonise sur le tapis. Debout, debout ! Allez les filles ! Étirements. En avant, la tête sur les genoux, prenez les chevilles. Restez. Jambes tendues. Encore, encore, encore. Redressez. Encore une fois. La tête en avant. Stop. Assises jambes écartées. À gauche, à droite, à gauche, à droite. Loin, allez chercher loin, plus loin. Qu'est-ce que c'est que ce dos rond ? On tire, on étire, on va chercher loin, on se grandit, très grand, on reste, on bouge plus. Je compte jusqu'à vingt. Reposez-vous, respirez. Un tour au pas de course pour les chevilles, petites foulées, tout doux, tout doux. Accélération. Dans la diagonale. Une par une. Solange c'est à toi. Françoise, Christine, Marie-Laure, Nadia, Dominique, Pascaline. Vous avez mangé quoi ? Un peu de tonus les filles. C'est mou ce soir, c'est tout mou.

Je fis, tu fis, il ou elle fit, nous fîmes, vous fîtes, ils ou elles firent.

Madame Pichot sonne à la porte. Elle veut voir un adulte, dit-elle. Mes parents sont au travail. Elle demande à quelle heure rentrent les parents. Le soir, au milieu du repas, c'est monsieur Pichot qui sonne. Il accuse mon demi-frère d'avoir sali le linge qui sèche sur son balcon. Il dit qu'on ne laisse pas ses enfants sans surveillance. Il dit qu'on ne laisse pas un enfant jouer avec une sarbacane. Il ajoute que mon demi-frère aurait pu tomber par la fenêtre. Il dit que sa femme a dû relaver tout le linge. Il dit que mon demi-frère a trempé les boulettes de papier dans l'encre.

Monsieur Pichot reste sur le palier. Mon père ne le laisse pas entrer.

Ma tante m'offre un nouveau quarante-cinq tours de Sheila. Je l'écoute très fort le jeudi matin. Mais ça ne déclenche rien. Je crois qu'en fait, Patrick Rodet n'aime pas Sheila.

J'ai des bleus sur les os des hanches, à cause des barres asymétriques. Et de grosses ampoules au creux des mains. On les appelle les biftecks.

Mes poupées progressent. Elles ont chacune un petit cahier que je remplis à leur place. Martine a la plus belle écriture. Catherine est très appliquée aussi. Toutes les deux ont des cheveux d'un joli brun. Je les coiffe avant le cours. Par contre, Sylvie et Sophie sont les deux cancres. Quand je les punis, il arrive que je les déshabille devant tout le monde. Si elles ont dépassé les bornes, je leur arrache les bras.

Je suis la championne du *machin vert*. J'ai les muscles et les abdominaux les plus résistants du quartier. Je peux me hisser jusqu'en haut à la seule force de mes bras. Seuls certains garçons y arrivent, et encore.

En sortant de l'école / nous avons rencontré / un grand chemin de fer / qui nous a emmenés / tout autour de la terre / dans un wagon doré [...] Jacques Prévert.

Ma sœur ne veut pas dormir. Elle veut parler. Elle veut garder une petite lampe allumée. Je l'entends bouger dans son lit, juste en dessous. Elle veut parler mais n'a rien à dire de spécial. Elle veut retarder le moment de dormir. Elle cherche par tous les moyens. D'abord elle se lève, pour boire. Elle se lève encore, pour aller aux toilettes. J'ai sommeil. Je fais semblant d'entendre ses paroles mais déjà je sombre, je ne sais ce qu'elle dit. De temps en temps, elle demande si j'écoute. Je dis oui, j'écoute, mais je suis emportée par le sommeil. Je m'éloigne. Je n'entends sa voix que par intermittence. Je ne parviens pas à rester éveillée. J'abandonne. Je laisse ma sœur dans la solitude de sa nuit.

Je dois choisir la musique de mon enchaînement au sol. Madame Verdi a apporté des disques. Nous écoutons des musiques de Chopin. Pendant presque toute la séance, nous écoutons. Je choisis un extrait d'une *Polonaise*. Je ne sais pas qui est cette Polonaise, mais j'imagine que c'est moi.

Je lis dans *Salut les copains* que Frédéric François part en vacances près de Saint-Raphaël. Nous devons justement partir en vacances en juillet sur la Côte d'Azur. Il est pris en photo à côté d'une moto. Je ne suis pas sûre que mes parents m'autoriseraient à faire de la moto.

J'ai un timbre sur la poitrine, contre la tuberculose. Ça démange. Quand j'enlève le timbre, on sait que je suis positive. Ça fait une petite cloque. Ceux qui sont négatifs sont déçus.

Celle qui n'est pas ma mère achète un bocal pour le poisson rouge que mon demi-frère a gagné au Casino. Deux jours plus tard, le poisson est mort. Il flotte à la surface. Celle qui n'est pas ma mère ne sait quoi faire du poisson. Elle n'ose pas dire à mon demi-frère que son poisson est mort. Elle ne sait si elle doit le jeter dans les toilettes ou le mettre à la poubelle. Elle a peur que le poisson mort perturbe mon demi-frère. « Oui, c'est ça », je pense, « c'est le genre à être traumatisé par un poisson mort ! »

Ma sœur ne veut pas aller chez le dentiste. Elle ne veut pas aller au marché. Elle ne veut pas aller acheter *Le Progrès*. Elle ne veut pas aller au centre social où l'on nous prête des livres.

La mère de Patricia Lestrade sonne à la porte et tient dans la main la poignée de cheveux que je viens d'arracher à sa fille. Elle veut connaître la vérité. La vérité est que nous nous sommes battues sous le *machin vert*. La raison est qu'elle se vantait d'être allée à Paris, alors que je savais qu'elle mentait. La vraie raison est que je suis jalouse de l'intérêt que lui porte celle qui n'est pas ma mère.

Je ne pense plus à Patrick Rodet qui ne s'intéresse pas à moi. J'écoute Sheila moins fort et ne guette plus derrière la porte. Je pense à Patrick Garcia qui habite deux allées plus loin. Il a des yeux bruns, des gros sourcils et est loin d'être timide.

Chez Carrefour, je choisis deux livres que j'emmènerai en vacances. *L'Éventail de Séville* et *La Famille Tant-Mieux en Amérique*. Puis nous mangeons à la cafétéria. Nous prenons des frites et des mousses au chocolat et nous installons sous des lampes orange. Quand nous sommes quatre, nous nous mettons à une table de quatre. Quand ma sœur est là, il faut trouver une chaise libre et demander poliment à des gens.

Quand je suis malade, je ne vais pas à l'école. Je reste dans mon lit et me laisse examiner par le docteur Nerf. Celle qui n'est pas ma mère rentre à midi et me prépare des pâtes avec du gruyère râpé. Je ne finis pas l'assiette parce que les pâtes n'ont pas de goût. L'après-midi, mon père reste à la maison. Je somnole dans le silence de l'appartement.

Le roi du rayon a quitté sa femme, entend-on devant les boîtes aux lettres. Une fois le dernier rayon posé. Certains disent que ça ne se fait pas. Certains pensent qu'il reviendra.

Mon demi-frère grignote le jambon autour de l'endive. Celle qui n'est pas ma mère lui coupe l'endive en petits bouts et lui demande de manger. Elle lui rajoute un peu de sauce blanche. Il dit qu'il n'aime pas. Elle insiste pour qu'il goûte. « Goûte au moins », entend-on à chaque repas. Puis « ouvre la bouche ». Puis « mâche ». Puis « avale ». Puis « bois un coup, tu sentiras plus le goût ».

Nous partons en vacances. Nous prenons la route Napoléon qui traverse les Alpes. Mon père roule vite. Il cisaille dans les virages. Mon demi-frère est au milieu, calé entre ma sœur et moi. Nous logeons dans l'arrière-pays, à vingt kilomètres de Saint-Raphaël. Je ne sais pas si je vais croiser Frédéric François. Je scrute tous les hommes à moto.

Je relis *L'Éventail de Séville* plusieurs fois pendant l'été. C'est une histoire d'amour entre un vendeur d'*horchata* et une jeune Gitane. Sur la couverture du livre, elle porte une robe à volants rouge à pois blancs. Je dois me cacher pour pleurer chaque fois que j'arrive à la fin du livre. Je ne comprends pas pourquoi l'auteur fait mourir le jeune homme au moment où ils vont être le plus heureux. Je ne vois pas l'intérêt de tout gâcher.

2

C'est la dernière année à l'école primaire. C'est la pire des années à cause de Maryse Blacher. Personne dans la classe ne le comprend, mais tout le monde le sait. Personne dans la classe ne bouge, mais tout le monde souffre. Tout le monde déteste l'institutrice qui nous fait vivre cela et tout le monde est excité par le spectacle unique qu'elle nous offre. Madame Durel est habillée à la mode de l'époque, c'est-à-dire en minijupe et bottes à fermeture Éclair. Elle a froid comme nous tous dans le préfabriqué. Elle reste debout devant le poêle, descend la fermeture Éclair de ses bottes, enlève l'une puis l'autre et se chauffe les pieds en levant la jambe devant la flamme. Elle tend ses pointes de pied en même temps qu'elle pose des questions de grammaire auxquelles nous devons répondre. Nous savons qu'elle finira par interroger Maryse Blacher. Nous savons que la séance n'existe que parce que Maryse Blacher est dans la classe, tapie dans un coin.

Madame Durel remet ses bottes, se chauffe à présent les reins devant le poêle. Elle est de profil, tourne la tête dans notre direction. Elle ne se déplace pas, nous apostrophe depuis l'angle où se tient le poêle. Elle fait des mouvements de tête, remet en place sa coupe au carré. Les questions ne sont pas difficiles mais Maryse Blacher ne répond jamais. Il suffit d'énoncer une règle de grammaire. Il suffit de. Elle n'a pas le temps de répondre, elle est saisie par la peur. Elle se tient debout les mains sur le bureau. Elle fait des mouvements avec la bouche pour aider le son à franchir ses lèvres mais rien n'y fait. Nos visages sont tournés vers elle. Nos visages l'accompagnent. Nous la supplions en silence de trouver la bonne réponse. Nous savons ce qui va arriver. Nous voulons l'éviter et savons que nous n'éviterons rien. Nous savons que le cours n'aura pas lieu aujourd'hui mais que quelque chose d'autre se jouera dans la classe, qui nous occupera jusqu'à l'heure de la sortie. Nous ne perfectionnerons pas notre apprentissage de la langue française. Nous aurons bientôt mal au ventre devant la scène qui nous sera servie.

Madame Durel demande à Maryse Blacher de passer au tableau. Maryse Blacher sait qu'elle doit gagner du temps. Elle remonte ses chaussettes. Elle avance et monte sur l'estrade. La question posée est toujours la même. Et la réponse est plus impossible encore. Nous avons l'impression que Maryse Blacher n'a pas idée de ce qui pourrait la sauver. Elle n'a pas idée qu'elle peut être sauvée. Son visage est celui d'une victime, avant même que le processus ne commence, avant l'interrogatoire qui tourne mal. Tout est encore possible. Il suffit de réciter une leçon mais au lieu de cela, au lieu de tenter une réponse, même fausse, au lieu d'articuler un son, au lieu de tenter sa chance, elle reste bloquée, convaincue de ce qui va arriver. Elle donne le bâton, comme on dit, pour se faire battre. Elle attend le dénouement comme une fatalité. Elle se résout au seul scénario possible. Celui de l'échec, celui du châtiment. Et elle a raison, aucune autre issue ne s'offre à elle, aucune échappatoire.

Madame Durel réitère sa question avec une pointe d'ironie dans la voix. Nous formons un seul bloc qui connaît la réponse. La réponse effleure nos lèvres dans un même souffle brûlant. Seule Maryse Blacher debout face aux vingt-cinq filles de la classe ne sait plus comment actionner son cerveau. Elle est dans un vide immense, un trou noir, un étourdissement. Une parole la sortirait d'affaire, un geste, un mouvement. Mais ses lèvres continuent de trembler et ses yeux s'accrochent au visage de madame Durel, comme pour l'implorer, pour s'excuser d'être là.

Madame Durel fait un pas vers Maryse Blacher, qui déjà amorce un mouvement de recul. Aucune menace n'est proférée, aucun bras levé, mais l'élève, déjà si loin de la réponse demandée, déjà arrimée à ce qui arrive après, l'élève a le réflexe de se protéger. Elle soulève à peine l'avant-bras, comme une répétition craintive. Elle esquisse un geste léger, à peine perceptible. Elle a le dos plaqué contre le tableau. Madame Durel est à un mètre. Elle repose la question, demande à Maryse Blacher de bien réfléchir, lui signifie que c'est sa dernière chance, comme à chaque fois. Madame Durel pourrait paraître presque magnanime, tant l'insistance qu'elle met à repousser l'échéance est flagrante.

Tout ici devient jeu entre le public que nous sommes et les deux actrices qui évoluent sur l'estrade. Madame Durel a un sens exquis de la mise en scène, puisque aucune pièce de théâtre ne me captivera jamais autant que ce qui se joue ce jour sur l'estrade de l'école primaire. Le suspense reste intact, alors que chacun d'entre nous connaît le dénouement, pour l'avoir vécu plusieurs fois. Le suspense nous tient en haleine, car ce qui va suivre est assurément le moment le plus ignoblement savoureux. Madame Durel, comme le chat avec la souris, parfait les raffinements de la mise en bouche avant de passer aux choses sérieuses.

Elle hausse soudain le ton et son visage change. Ce qui n'était que badinage devient menace. La jeune femme à la minijupe se change en sorcière. L'institutrice oublie la leçon de grammaire, les règles, les exemples. Elle oublie les raisons pour lesquelles elle est dans une classe avec vingt-cinq élèves. Elle est celle qui a le pouvoir. Et c'est tout ce qui compte à présent. Elle prononce les mots que nous attendons toutes.

Elle dit : « Trouve-moi la réponse ou je vais chercher ta mère. » Elle suspend sa respiration après le mot « mère », sûre de son effet. Elle fait mouche à chaque fois. Sitôt le mot prononcé,

Maryse Blacher ne peut retenir sanglots et tremblements. On entend même un son sortir enfin de sa bouche. Le son qui arrive jusqu'à nous est déchirant. Elle parvient à articuler à voix haute « non ». Elle entend « mère » et elle dit « non ». Que vient faire sa mère dans une salle de classe ? Nous dirions tous non à l'évocation de notre mère. Non, laissez nos mères et nos pères loin de l'école, loin de l'apprentissage du participe passé. Non, il est impensable de mêler nos mères et nos pères à l'intimité d'une salle de classe. C'est une affaire privée, notre secret.

« Je t'avertis, j'appelle ta mère ! » répète madame Durel. « Non », répond en haletant Maryse Blacher qui sait bien ce qui va se passer avec sa mère. Qui voit arriver le naufrage. Madame Durel, plus par plaisir que pour donner une dernière chance à sa proie, prononce une ultime fois : « Tu m'obliges vraiment à appeler ta mère. J'aurai fait ce que j'ai pu. » Avant de quitter la classe, madame Durel désigne un kapo pour garder les élèves. J'espère que ça ne tombera pas sur moi. Il arrive aussi qu'elle envoie l'une d'entre nous chercher la mère de Maryse Blacher, femme de ménage dans les bâtiments annexes de l'école.

Nous attendons dans le silence que madame Durel revienne avec la mère de Maryse. Nous attendons et Maryse reste debout sur l'estrade. Elle n'a pas idée de retourner s'asseoir, encore moins de s'enfuir. Elle est debout devant l'inéluctable, elle consent, elle permet que la suite arrive. Et nous toutes permettons que ce monde-là existe, tel qu'il est décidé, modelé, organisé pour nous. Conditionnées depuis plusieurs années, nous nous rangeons toujours deux par deux et répondons présentes chaque matin. Nous respectons lois et règlements sans nous poser de questions. Nous obéissons. Nous engrangeons bons points et images. Alors que nos aînés viennent de vivre les barricades, nous ignorons tout de leur refus. Leur vision du monde n'a pas pénétré dans les zones à urbaniser en priorité.

C'est l'institutrice qui ouvre la porte, suivie de madame Blacher. L'une et l'autre s'essuient les pieds et c'est ce détail qui, déjà, est parfaitement déplacé. Elles prennent le temps de s'essuyer les pieds. Madame Blacher sait de quoi il s'agit. Elle est déjà dans une colère incontrôlable. On imagine qu'elle a attendu cet instant toute la matinée. À partir de là, nous oublions madame Durel, nous oublions tout, la leçon, l'interrogation, le participe passé, l'école. Nous oublions que nous sommes des enfants de dix ans. Nous oublions le préfabriqué, le poêle, l'hiver, les bottes de madame Durel. Nous sommes plaquées sur nos sièges. Nos ventres commencent de nous faire mal. Nous sommes obligées de voir malgré nous ce qui va suivre. Nous sommes retenues en otages dans cette salle de classe où va se dérouler sous nos yeux l'une des épreuves les plus douloureuses de notre enfance.

Le visage de madame Blacher crève notre regard. Ses cheveux raides et gras, ses yeux pleins de haine pour son enfant. Ses joues et son front colorés par la colère. Son visage mais aussi sa façon d'approcher sa fille, de l'assaillir. Ses gestes ramassés, la brutalité avec laquelle elle la soumet. Madame Blacher fait des reproches à Maryse. Elle ne crie pas mais crache les mots. Toujours les mêmes mots. Elle la saisit par les cheveux et la torture commence. En même temps qu'elle lui cogne la tête contre le tableau, elle prononce des phrases accusatrices. Et la sanction n'a rien à voir avec la faute. Il ne s'agit pas d'une sanction. Cela ressemble à une vengeance, un acharnement qui vient du fond des âges. Elle ne lâche pas prise, continue de projeter la tête contre le tableau. La femme et l'enfant nous tournent presque le dos mais nous apercevons, par intermittence, le visage dégoulinant et implorant de Maryse et c'est cette image qui se fixe, l'image de Maryse, donc de nous-mêmes, soumises à la toute-puissance dévastatrice des adultes. C'est le visage de Maryse qui s'incruste dans nos mémoires, plein de morve et de larmes. Et la fureur venue de nulle part, entrée soudain dans notre classe, la folie surgie du néant qui s'abat sur nous, qui ne méritons pas d'être les témoins impuissants d'une telle scène.

Le châtiment dure plusieurs minutes, jusqu'à ce que l'énergie destructrice de madame Blacher se tarisse enfin. Madame Blacher lisse son tablier de service. Maryse cache son visage entre ses mains. Nous baissons toutes la tête. Nous ne pouvons pas croiser son regard. Je ne pense pas à regarder dans la direction de madame Durel. Je ne saurai jamais ce qui est inscrit sur son visage pendant toute la durée de la scène. J'oublie complètement madame Durel qui s'est retirée au profit de madame Blacher. Je ne sais si elle éprouve ce que nous éprouvons. De la peur, tout simplement de la peur. Une peur à laquelle se mêle un sentiment étrange, nouveau, dérangeant. Nous sommes gagnées par une forme d'excitation et de plaisir. Nous sommes les témoins obligés et ressentons ce que nul n'accepte de ressentir : nous sommes excitées à la vue de la souffrance de Maryse Blacher. Madame Durel nous a mis de son côté et nous nous en voulons, sans le savoir, nous nous faisons horreur. Nous nous détestons de n'avoir pu enrayer le processus. Nous détestons notre condition d'enfant. Nous apprenons la perversion. Nous apprenons le piège, le bourreau et la victime. Nous apprenons de quoi est capable l'homme.

Mes parents ne sont pas là quand je rentre de l'école. Je porte la clé de l'appartement autour du cou. C'est une grande clé qui donne une sensation de froid sur la peau. Le cordon dépasse de mon col. Pour ouvrir la porte, je me baisse et tends le cou en avant. J'aime l'idée de pénétrer dans une maison vide. Je vais directement dans la cuisine et ouvre le frigo. Quand mes parents sont là, je quitte mes chaussures d'abord.

Je me passionne pour l'histoire d'amour entre Sheila et Ringo Willycat dans *Salut les copains*. Sur une photo, Ringo est appuyé contre un mur, les mains dans les poches de son jean. Il a l'air triste. Il baisse les yeux. Il porte un gros ceinturon et une chemise ouverte. Je n'aime pas les poils de Ringo qui dépassent mais ses yeux noirs sont beaux et il semble très amoureux. Pendant que Ringo se morfond, Sheila est en vacances. Elle est sur un bateau avec d'autres personnes. Je ne comprends pas pourquoi elle est partie sans lui. Peut-être n'a-t-elle pas encore osé lui avouer son amour ?

Je conjugue les verbes des deuxième et troisième groupes. Je rends, j'admets, je perds. Les dictées sont plus longues et moins optimistes. Je mange à la cantine. Du poisson pané, des choux de Bruxelles, des épinards en boîte. Nous avons froid dans le préfabriqué. Nous sommes dans un monde de buée et de gel. Nous avons cours de gymnastique dehors. Notre institutrice, malgré la température glaciale, se met en short et collants. Elle nous ordonne de courir derrière elle autour du préfabriqué. Nous courons en rentrant la tête dans les épaules. Nous recrachons de la fumée. Nous prions pour que la séance s'interrompe. En face du préfabriqué, des ouvriers construisent un immeuble. Ils s'arrêtent de travailler pour siffler notre institutrice. Ils crient des mots étrangers que nous ne comprenons pas. Notre institutrice dit que ce sont des Algériens.

Dans le cagibi près de la salle de bains, il y a la machine à coudre, les produits détergents, le fer à repasser, la cireuse, l'aspirateur, le paquet de serviettes hygiéniques. Le jour où j'ai mes règles pour la première fois, ma sœur n'est pas là. Celle qui n'est pas ma mère me dit : « Tu sais où sont les serviettes ? » Je prends un air innocent et réponds : « Non, quelles serviettes ? »

Je prête *Salut les copains* à Catherine. Nous regardons le magazine pendant la récréation. Nous nous mettons à l'écart des autres filles. Nous nous asseyons sur les marches du préfabriqué. Nos chaussettes remontent jusqu'à nos genoux. Nous tirons sur nos jupes pour que nos pantis en dentelle ne dépassent pas trop.

Nous allons rendre visite à ma sœur dans une maison loin de chez nous. C'est une bâtisse aux pièces sombres, comme une colonie de vacances. Il y a un réfectoire qui ouvre sur un jardin. Ma sœur n'a pas l'air spécialement content de nous voir. Celle qui n'est pas ma mère dit que c'est à cause des médicaments. Mon père ne dit rien. Il a perdu les clés de la voiture et passe l'après-midi à les chercher. Ma sœur cherche les clés aussi. Nous cherchons tous les clés.

« Allez, on recommence ! Tu vas te refroidir ! Hop, debout, c'est parti ! Oui, vas-y, c'est à toi. Tu reprends depuis le *cubital.* Allez grimpe. Oui, encore, plus grand, encore. Oui, tu y es presque. Reprends. Tu souffles un coup et tu reprends. Là, oui. Tu maintiens le bassin, tu gaines. Dur, dur, dur, dur ! Tu contractes, et tu laisses aller. Oui. Allez on recommence. Si, si, tu te lèves, tu te concentres ! Il faut que ça passe. Le bassin ! Là, oui. Là. Tu bloques. Doucement, doucement ! Tu places bien ton dos et ça passe. Oui ! Formidable ! » Madame Verdi me donne une claque sur les fesses.

L'institutrice me désigne pour aller chercher la mère de Maryse Blacher. Je me lève, je baisse les yeux en passant devant Maryse. Je sors dans la lumière du printemps et me dirige derrière le second préfabriqué, là où travaille en principe la mère de Maryse Blacher. Je sais que je n'ai pas droit à l'erreur. Mon instinct ne me lâche pas. Je suis incapable de réfléchir, de mettre de l'ordre dans mes pensées. Je n'ai pas de pensée, pas d'intention, pas d'objectif. Je suis un animal, j'avance sur le gravier de la cour, je tourne derrière l'angle du bâtiment. J'avance de plus en plus doucement.

La mère de Maryse Blacher est occupée à nettoyer les toilettes. Elle a le dos tourné. Ses épaules bougent. Je m'arrête mais rien ne se passe. Aucun son ne sort de ma bouche. Rien n'arrive. Un mur infranchissable me sépare de la mère de Maryse Blacher. Elle appartient à un autre monde, fait de chasses d'eau et de carrelage mouillé, un monde de détergents et de balais, un monde de reflets froids. Elle est accroupie dans le baraquement, lourde dans son tablier de nylon. Elle ne se retourne pas et je passe dans son dos en silence. J'avance droit devant sans m'acquitter de ma tâche. J'avance sans respirer et contourne le préfabriqué. J'attends avant de rentrer en classe.

Je monte les trois marches de bois, ouvre la porte et annonce que je n'ai pas trouvé la mère de Maryse Blacher. Ma parole ne déclenche rien. Ni fureur ni agacement. Elle semble une évidence, la seule réponse possible. L'institutrice ne met pas en doute mes mots. Je n'ai pas trouvé la mère de Maryse Blacher et tout s'annule, simplement. Tout redevient comme avant. Ce mensonge est, je crois, mon premier vrai mensonge. Celui d'un enfant face à un adulte. Et je suis étonnée de la simplicité avec laquelle ce mensonge est accueilli. Ce que je ressens n'a rien à voir avec la satisfaction d'avoir délivré Maryse Blacher. Non, ce n'est peut-être pas pour épargner Maryse Blacher que j'ai menti. J'ai résisté à autre chose, quelque chose de plus complexe. Je n'ai pas le sentiment d'avoir commis un acte généreux. Je ressens quelque chose que je vis pour la première fois. Je dis non aux adultes, sans violence, je dis non avec toute la fermeté dont je suis capable. Je grandis. Je dis que je n'ai pas trouvé la mère de Maryse Blacher mais c'est ma mère que je n'ai pas trouvée.

3

Le premier jour au collège, nous ne travaillons pas. Nous remplissons des fiches pour chaque professeur. Dans la case profession du père, j'écris agent d'exploitation. Je ne sais pas quoi mettre dans la case de la mère. Je suis fière d'écrire agent d'exploitation. Parce que dans exploitation il y a exploit.

Nous n'écrirons plus dans des cahiers mais dans des classeurs. Les petits formats deviennent grands. Les grands carreaux deviennent petits.

J'apprends l'anglais. Notre méthode est audio-visuelle. C'est nouveau. Il faut acheter des disques. Les familles qui n'ont pas les moyens d'acheter la méthode peuvent se grouper. Tout le monde dans la classe se groupe. Je vais chez Helena pour les cours d'anglais avec une fille qui s'appelle Sandra.

Nous avons neuf professeurs dont un professeur principal. Tous nous donnent des listes de fournitures à acheter. Tous insistent sur la méthode que nous devons acquérir pour travailler. Ils n'ont qu'un mot à la bouche : la méthode.

Nous sommes chez Carrefour avec ma liste de fournitures. Nous restons longtemps devant les stocks de cahiers et de feuilles. Nous découvrons qu'il existe des crayons HB et 2B, des feuilles simples, des feuilles doubles, des feuilles doubles perforées. Nous cherchons le papier transparent pour couvrir les livres. Nous choisissons un stylo encre Stypen avec des cartouches.

I'm Jeff. What's your name ? My name's Linda and this is Sam. Look at Huck ! He's surprised ! Look at Jane ! She's scared ! Je ne comprends rien. Je dois écouter le disque deux fois plus qu'Helena et Sandra. Je n'aime pas l'anglais. J'ai peur d'être interrogée.

« L'organisation du classeur est essentielle », disent nos professeurs. Nous découvrons les intercalaires, les œillets et les transparents. J'aime le petit bruit que font les anneaux du classeur quand ils s'ouvrent et se referment.

Nous changeons de salle entre chaque cours. Nous sommes inquiets les premiers jours à cause du numéro des salles qu'il faut retenir. Nous vérifions les numéros sur la feuille de notre emploi du temps. Chaque jour de la semaine est différent. Nous inventons un temps nouveau. Le jeudi, je commence à neuf heures. Le vendredi je finis à quinze heures et c'est comme un cadeau.

Helena habite au huitième étage d'un immeuble avec interphone. C'est un signe de richesse. Chez elle, il y a un lave-vaisselle. Quand je viens la chercher le matin pour aller au collège, sa mère apparaît parfois nue au fond du couloir. Elle est d'origine polonaise et travaille chez Renault.

Nous avons un carnet de correspondance avec des billets détachables pour les retards (bleus) et les absences (roses). Le surveillant général assiste aux entrées et sorties du collège.

Avant l'entraînement de gymnastique, nous passons à la maison avec Marie-Laure. Nous avons faim. Je mets le pot de confiture de fraises et le paquet de biscottes sur la table. Marie-Laure mange sans s'arrêter. Alors je fais comme elle. J'étale la confiture et je mange à grandes bouchées. Nous ne parlons pas. Nous mangeons un paquet de dix-sept biscottes chacune. Je dois dire stop pour que mes parents ne s'en rendent pas compte. Nous avons mal au ventre. Nous arrivons à l'entraînement et nos estomacs dilatés font une bosse sous nos justaucorps moulants.

Les poésies sont plus longues, le vocabulaire plus abstrait, les verbes plus irréguliers.

Puis une dame, à sa haute fenêtre, / Blonde aux yeux noirs, en ses habits anciens, / Que, dans une autre existence peut-être, / J'ai déjà vue, et dont je me souviens. Gérard de Nerval.

Nous rentrons à la maison avec des mots à faire signer. Des règlements à faire signer. Des autorisations à faire signer. Je découvre la signature de mes parents.

Nous nous entraînons aux résumés de textes, aux rédactions en trois parties. Nous apprenons la thèse, l'antithèse, la synthèse. Nous apprenons à organiser notre pensée. Nous apprenons à dire oui, mais.

Ma vie est mécanique. La maison, le collège, l'entraînement de gymnastique. J'ai besoin de ma sœur qui n'est plus jamais là. Je n'ai personne pour parler, pour me comparer. Je n'ai pas peur de devenir comme elle. Je n'y pense pas. Je suis hors d'atteinte. Je sais que je grandirai malgré ce que je ne comprends pas, malgré ce que je ne sais pas. Seule ma sœur peut répondre à ma question. J'ai besoin d'elle, de son année de plus que moi, de ses souvenirs. J'ai peur que ma sœur perde la mémoire. Dans l'endroit où elle habite, il est possible de vivre sans mémoire.

Mes parents m'achètent un peignoir violet à Carrefour en revenant de chez ma grand-mère. Il est magnifique. Je le mets tous les soirs. Je passe devant le miroir de l'entrée et me regarde avec mon peignoir. Il me grandit et me mincit. J'ai vraiment bien choisi.

Le dimanche, je demande si on peut aller voir ma sœur. Je lui prépare des vêtements, le shampooing qu'elle a oublié et *Salut les copains*. Celle qui n'est pas ma mère lui repasse une robe chasuble et un sous-pull. Je prends sa paire de baskets et un survêtement. Je ne sais pas si elle a besoin d'autre chose.

Le collège est un monde d'agitation et de garçons. Les filles se mettent d'un côté et les garçons de l'autre, par instinct. Les filles et les garçons ne se regardent pas, par précaution. Les garçons semblent indifférents aux filles, par fierté. Les filles évitent le regard des garçons, par éducation.

Pour mon anniversaire, je reçois un livre dont je ne lirai que les premières pages : *La Merveilleuse Histoire de la naissance*. Plusieurs dessins en coupe illustrent les différentes étapes de la grossesse et de l'accouchement. Le commentaire qui les accompagne est aussi inconsistant que les dictées de l'école primaire. Mais comme je ne sais pas précisément comment fait le papa pour mettre sa graine dans la maman, je me concentre sur l'introduction, assez alambiquée. Une phrase éclipse toutes les autres : *Quand le papa aime beaucoup la maman, il est capable de faire pénétrer sa verge dans son vagin*. Je tourne longtemps autour de cette relation de cause à effet. Le papa est donc capable. Seulement s'il aime la maman. Rien d'autre n'est dit à propos de la verge, la grande inconnue. Il me manque à ce stade une information déterminante : que la verge est censée durcir, par exemple (ne comprenant pas la faisabilité d'un tel emboîtement, je me dis que si le papa aime beaucoup la maman, il semblerait qu'il soit capable de tout). Je relis la phrase plusieurs fois. Je n'ose pas en parler à ma sœur, qui doit pourtant bien avoir une idée sur la question.

Je ne vois plus les hommes de la même façon. Je les sais désormais capables. Je m'imagine que l'amour rend capable. Je n'ai pas idée de ce qu'est l'amour. Je me demande si ce que je ressens pour le garçon qui est en classe devant moi est de l'amour. Je ne sais pas si l'amour entre le papa et la maman est un amour spécial qui donne des possibilités particulières.

Je pressens qu'il y a un secret, quelque chose qui ressemble à Dieu. Le monde de l'invisible me rattrape. Je m'efforce de résumer ce qui est invisible : l'amour, Dieu et les morts. Ce qui m'inquiète est que l'invisible existe davantage que ce qui se voit. L'invisible me poursuit jour et nuit, me donne le sentiment que je suis coupable.

Au catéchisme, l'abbé Blanc nous lit des passages des Évangiles. Quand il n'est pas là, c'est un jeune prêtre qui le remplace. Il ne peut s'arrêter de sourire. Il passe derrière nous et regarde nos dessins censés illustrer les Évangiles. Il pose parfois ses mains sur nos têtes. Il dit qu'on ne peut pas représenter Dieu. Il se plante face à nous et sourit encore. Il me demande qu'est-ce que c'est que ces petits cheveux qui volent autour de ma tête ? Il me fait honte devant tout le monde avec mes cheveux que j'ai du mal à neutraliser dans mes barrettes.

Évidemment je n'en parle pas à la maison. Je ne parle de rien à la maison. Ni du collège, ni des cours de gymnastique, ni du catéchisme. Personne ne me demande rien. Je fais mes devoirs seule dans ma chambre. Personne ne sait que je me débats avec le monde de l'au-delà.

Ma grand-mère nous attend. Elle fait chauffer le café et allume la télévision. Mon père regarde le tournoi des Cinq Nations. Les W.-C. sont dans l'allée. C'est moi qui dois accompagner mon demi-frère.

L'un de nos professeurs fait une allusion aux *événements d'Algérie*. Une partie de la classe sait de quoi il s'agit. Je demande à mon père de sortir l'album photos. Les photos sont en noir et blanc.

Celle qui n'est pas ma mère quitte la pièce. Mon père fait peu de commentaires. Il parle du soleil de plomb. Il parle du bateau qui l'a amené là-bas. Il parle de la caserne où il était affecté. Il fait comme si je comprenais le mot *appelé*. Il ne dit rien de sa vie avec ma mère. Il fait comme si ce temps n'avait pas existé. Il me laisse me débrouiller avec l'album photos.

J'ai un cahier de textes. Je dois envisager chaque jour de la semaine. Ma vie devient hebdomadaire. Je note mes devoirs pour la semaine suivante. Je dois apprendre à anticiper. Je peux faire mes devoirs plusieurs jours à l'avance. C'est moi qui décide. Quand mes devoirs sont faits, je raye la ligne. Je me sens libre.

Je dois me confesser une fois par mois. Je n'ai rien de spécial à dire, aucune faute à dénoncer. Je réfléchis très fort avant. Je suis sûre que je vais trouver quelque chose à raconter, une mauvaise pensée, un geste déplacé, un mensonge, une injure. Je ne trouve rien, je panique parce que le temps passe et il me faut y aller. Je ne peux pas me soustraire à la confession. J'imagine que je ne peux pas. J'entre dans la petite église construite récemment derrière le centre commercial. L'abbé Blanc m'invite à m'agenouiller. J'improvise, je me lance, je me jette sans filet. Et je parle, sur un ton que je ne me connais pas. Ma voix est de circonstance, ni trop assurée ni trop soumise. Ce que je dis m'étonne. Je me confesse, dignement. Je suis une adolescente responsable qui demande pardon pour ses péchés, qui a une idée très précise de ce qu'est un péché. Je m'entends évoquer des faits que je n'ai pas commis, pour lesquels je demande la clémence de Dieu. Je m'entends inventer un scénario impossible. Je m'entends prétendre que j'ai refusé d'aller faire des courses pour maman alors qu'elle était fatiguée. Je mens à l'abbé Blanc. Je commets le deuxième mensonge de ma vie et, comme la première fois, comme dans le préfabriqué de madame Durel, ce mensonge ne déclenche rien. Ni les foudres de Dieu ni la suspicion de l'abbé qui se fiche absolument de cette histoire minable. Je suis prise de court par mon mensonge et sidérée par la facilité avec laquelle je le commets. Le jour de la mère de Maryse Blacher, j'apprenais à dire non aux adultes. Aujourd'hui, j'apprends quelque chose de plus grave : j'apprends à tromper les adultes, j'apprends que, pour s'en sortir, il ne sert à rien de dire non, de refuser leur système. Les adultes sont plus forts, on ne peut les affronter de face. J'apprends à contourner, à déplacer, à déjouer. J'apprends que les adultes ne sont pas supérieurs. Ils ne savent rien que nous ne sachions déjà. Ils nous entretiennent dans la confusion et dans l'ignorance. Nos mensonges les arrangent, confortent leur autorité.

Je ne sais pas quoi faire. Quand je m'ennuie, mon père me dit : « Je vais te trouver une occupation, tu vas pas t'ennuyer longtemps. »

Quand un professeur est absent, nous pouvons quitter le collège. Nous sommes libres, heureux et désemparés.

Je répète mon mouvement de gymnastique à la poutre sur le gros tuyau de ciment resté derrière chez nous après la fin du chantier. Je fais des sauts et des mouvements gracieux. Je fais la roue. De l'autre côté de la rue, les garçons du quartier des Allagniers sont assis sur les marches devant leur allée. Il y en a un, Marco, qui regarde vers moi. Je fais celle qui n'a rien remarqué. Je suis soi-disant concentrée sur mes mouvements. Puis Marco crie « Oh oh, chérie ! » et se sauve en courant avec sa bande. En levant la tête, j'aperçois mon père sur le parking tout près en train de bricoler la voiture. Il a la tête penchée sur le moteur. Mon cœur s'emballe. J'espère qu'il n'a rien vu, rien entendu.

Give me a ball ! Give me the book ! Open the door ! Take the ball ! Helena remet le disque. C'est à Sandra de répéter. *Take a book ! Open the window !* Nous sommes dans le salon. Le frère d'Helena passe toutes les cinq minutes en traînant les pieds parce qu'il ne peut pas regarder la télé.

« C'est à cette heure que tu rentres, dit mon père. Je me demande avec quels garçons tu reviens de là-bas ? » Je suis rentrée avec Solange. Mais elle met toujours un temps fou pour prendre sa douche et se rhabiller. Et avec Solange, il ne risque pas d'y avoir de garçon.

Je préfère les chansons tristes. J'aime surtout Gérard Lenorman. Au mariage de ma cousine, je monte sur la table et chante *Les Matins d'hiver*. Tout le monde applaudit et, chose totalement incompréhensible, je n'ai pas honte. Seule ma sœur me fait une remarque blessante. Ce n'est pas à propos de ma voix – je sais que je chante faux – mais à propos de la robe longue que je porte, prêtée par une cousine. Ma sœur dit que cette robe n'est pas de mon âge, et surtout le décolleté, ajoute-t-elle.

En cours de français, nous devons imaginer l'an deux mille. C'est l'intitulé de notre devoir. Je fais un rapide calcul. J'aurai quarante ans en l'an deux mille. Impossible d'y croire. Avoir quarante ans est une extravagance, une impossibilité. J'écris dans mon devoir que l'an deux mille n'arrivera jamais.

Je garde une place à Alain pour qu'il s'assoie devant moi. Il m'ignore. Je ne sais s'il ne m'aime pas ou si c'est de la timidité. Helena penche pour la deuxième hypothèse. Je passe un mot à Alain pendant le cours d'histoire. Il me répond sur une feuille simple perforée pliée en quatre que j'ai une tête de guenon.

Helena me prête une jupe à carreaux. C'est un kilt avec une grosse épingle à nourrice sur le devant. Je lui prête une jupe portefeuille verte que m'a achetée celle qui n'est pas ma mère. Je m'enferme dans le local du vide-ordures pour enfiler le kilt d'Helena. Je roule la jupe verte dans mon cartable et pars au collège.

Je voudrais trouver un moyen de ne plus avoir de poils sur les jambes. Je prends une paire de ciseaux et coupe le plus court que je peux. C'est mieux, mais il ne faut pas regarder de trop près.

J'apprends dans un magazine qu'on peut s'éclaircir les cheveux avec de l'eau oxygénée. Je m'installe dans ma chambre après avoir fermé la porte à clé. J'imbibe un coton et l'applique sur une mèche. La couleur ne bouge pas. Je renouvelle l'application. Rien. Je change de mèche. Je verse une grande quantité d'eau oxygénée sur le coton. Toujours rien. Je pense que je suis trop brune. Je trempe directement la mèche dans la bouteille. Le bout de la mèche blondit. C'est un miracle. Je peux devenir blonde si je veux. Je ne peux pas changer la couleur de mes yeux, ni mon nez que je n'aime pas, mais je peux être blonde. C'est toujours ça.

Je suis sélectionnée pour les championnats du Rhône de gymnastique. Marie-Laure et Solange aussi. Après les épreuves à Fontaines-sur-Saône, nous prenons part au défilé. Nous marchons dans la rue en rangs serrés derrière les musiciens de la fanfare. Nous portons des jupettes plissées blanches, des justaucorps bleus avec l'écusson de notre club cousu sur la poitrine. Nous marchons au pas. Nous bloquons la circulation.

En allant chercher le pain, Dominique Ceronetti se fait écraser par une voiture. On dit dans la montée d'escalier qu'il y avait de la cervelle sur la route. On dit devant les boîtes aux lettres qu'on entendait sa mère hurler jusque devant le Casino. On ne comprend pas ce qui s'est passé. Personne ne comprend. Sa mère était sur le balcon et venait de lui donner un franc vingt pour acheter deux baguettes. On dit que l'accident s'est déroulé sous les yeux de sa mère. On entend dans la montée d'escalier que les pompiers sont arrivés tout de suite. On confirme devant les boîtes aux lettres que les pompiers ont été impeccables. Il habitait au premier étage dans l'immeuble d'Helena.

Nos professeurs nous disent que l'école primaire, c'est terminé. Il faut désormais être autonomes. Il ne faut compter que sur nous-mêmes. Pendant la récréation, nous restons dans la cour des sixièmes sans empiéter sur le territoire des plus grands. Nous observons, de loin, leurs gestes, leur démarche, leurs vêtements. Nous espérons bientôt devenir comme eux, nous noyer dans la masse, nous fondre dans le décor. Nous espérons devenir sûrs de nous et transparents.

Helena part en vacances en Sicile. Quand elle rentre, elle est exagérément bronzée. Elle se plaint d'avoir pris des kilos. Sur mon insistance, elle finit par lever sa jupe. C'est vrai qu'elle a grossi mais je lui dis que ça ne se voit pas. Elle demande si je suis sûre et je confirme : « Ça ne se voit absolument pas. »

Devant le Casino, il y a une collecte de lait en poudre pour le Biafra.

Pour perdre ses kilos, Helena enfile son K-way et court sur place dans l'appartement. Pour l'encourager, je fais la même chose, mais sans K-way. Je propose, pour que la cure soit plus efficace, qu'on monte les huit étages en courant. Nous descendons avec l'ascenseur et remontons par l'escalier en nous concentrant sur notre respiration. Une fois chez elle, nous nous laissons tomber sur la moquette au milieu du salon. Nos visages sont rouges. Son frère entre et enjambe nos corps. Il met une marche militaire sur le tourne-disque et nous regarde d'un air dégoûté.

J'aimerais ressembler à la chanteuse du groupe Il était une fois. Je me coupe les cheveux en dégradé. Je n'ose plus sortir de ma chambre. Je mets la table pour le repas du soir en baissant la tête et me cachant les yeux derrière mes mèches. Je m'assois en face de celle qui n'est pas ma mère et c'est instantané. Elle dit devant tout le monde, devant mon père, ma sœur et mon demi-frère, elle dit : « Vous avez vu la nouvelle coupe de Nadia ? », elle dit « vous avez vu ? » comme s'il y avait quelque chose de monstrueux à voir. Elle dit : « Vous avez vu, qu'est-ce qui lui a pris ? » Et elle se met à rire comme si j'avais fait une bonne blague. Et je ne sais pourquoi, alors que je ne m'y attendais pas, avant même que ne réagissent mon père et ma sœur, avant que les commentaires ne s'enchaînent, je me mets à trembler en face de celle qui n'est pas ma mère, je sens mes mains incapables de tenir les couverts, avant que mon père n'ouvre la bouche et que j'entende le son de sa voix, les larmes coulent sur mes joues, lourdes et chaudes, et tombent en silence dans mon assiette. Je ne me lève pas, je ne quitte pas la pièce en claquant la porte, je reste assise à ma place, dos à la fenêtre, je reste assise à cette table avec le frigo et la cuisinière à ma gauche et en face de moi celle que je n'ai jamais pu aimer.

Je récite *Notre Père qui êtes aux Cieux* et *Je vous salue Marie* avant de me coucher. Je ne sais pas si je crois en Dieu mais, dans le doute, je fais mes prières. « Ça ne peut pas vous faire de mal », dit celle qui n'est pas ma mère. Je ne sais pas si on peut demander quelque chose dans une prière. Je ne sais pas si le simple fait de réciter permet que des vœux se réalisent ou s'il faut ajouter un paragraphe spécial.

Je suis la seule à avoir peur du saut de cheval. Marie-Laure est la meilleure. Solange est un peu lourde mais rebondit étonnamment sur le tremplin. Je prends mon élan et stoppe net devant le cheval de cuir. Quelque chose m'empêche de sauter. C'est nouveau et je ne comprends pas pourquoi. Je recalcule le nombre de pas pour que ma course soit efficace. Je demande à madame Verdi de se tenir entre le tremplin et le cheval. Nous travaillons le saut de lune. Avant de prendre mon élan, j'ai besoin de me lécher la paume des mains pour une meilleure adhésion. Ce geste devient un tic qui me dépasse. Je me concentre et m'isole du monde avant de prendre ma course. Je me lèche les mains, piétine, je me lèche les mains, piétine, je me lèche les mains, piétine. J'essuie mes mains sur mon survêtement. Je me lèche les mains, les essuie sur mon survêtement. Madame Verdi attend que je m'élance. Tout le monde attend. Je bloque. Je ne sais pas d'où vient cette peur. J'ai toujours sauté. Depuis que j'ai huit ans. Et ça s'arrête d'un coup. Ce qui était possible ne l'est plus. Je fais signe que je renonce. Je ne parviens pas à entrer en moi et à y trouver la confiance qui me fera franchir l'obstacle. J'entre en moi mais y trouve quelqu'un d'autre qui n'est pas prêt pour le saut de cheval.

J'ai une idée très précise de la fille que j'aimerais être. Je dessine. Je recommence jusqu'à ce que l'image soit tout à fait conforme. Je trace, je gomme, je cherche. La fille porte un pull marin, un jean serré et une paire de sabots. Elle est mince. Elle a la bouche en cœur, des yeux en amande avec de grands cils. Et de longs cheveux lisses.

Alain persiste dans son refus de se mettre devant moi en cours. Il déclare assez fort, pour que je l'entende, qu'il est amoureux de Marie-Laure.

Je n'aime pas la lumière crue de la salle de bains. Je n'aime pas le miroir de l'armoire à pharmacie dans lequel le reflet de mon visage me semble mensonger. Je n'aime pas les boutons qui arrivent du jour au lendemain sur les ailes de mon nez. Je n'aime pas que celle qui n'est pas ma mère fasse de commentaires.

À midi, je mange chez Helena. La semaine suivante, Helena mange chez moi. Nous sommes seules, tous les parents travaillent. Nous ouvrons le frigo et réchauffons le plat préparé pour nous. Quand nous ne voulons pas manger la viande, nous la donnons au chien d'Helena. Après le repas, nous regardons la télévision en faisant des abdominaux.

Le professeur de sciences est absent. Nous n'avons pas cours. Nous avons une après-midi entière dans laquelle nous vautrer, Helena et moi. Nous quittons le collège après avoir montré notre autorisation de sortie. Nous passons la grille avec un sentiment de culpabilité. Nous marchons entre les bâtiments et traversons une cité déserte. Nous sommes libres mais n'avons pas de projet. Nous marchons dans le silence. Les grilles du Casino sont encore fermées. Il n'y a personne à l'arrêt de bus.

Nous montons chez Helena. Nous ouvrons le frigo. Nous cherchons des gâteaux dans le placard. Nous avons l'idée de faire des crêpes. Il y a justement des œufs dans le frigo et aussi du lait. La pâte est pleine de grumeaux. Helena pense qu'on peut la passer au mixer. Nous obtenons une pâte parfaite. Nous n'avons pas la patience de la laisser reposer une heure comme l'indique la recette. Nous faisons sauter les crêpes. Le chien d'Helena est attiré par l'agitation et nous sommes obligées de le chasser de la cuisine. Nous nous installons à table l'une en face de l'autre et commençons à manger. Des crêpes avec du sucre, de la confiture, du Nutella. Nous roulons nos crêpes et mangeons sans faim. Nous avons toute l'après-midi devant nous et la pile entière de crêpes. Nous mangeons au même rythme. Une crêpe chacune. Nous n'avons pas idée que nous pouvons faire autre chose que manger la pile entière de crêpes. Nous n'avons pas idée d'arrêter, de faire une pause. Nous mangeons comme si c'était une fatalité. Sans plaisir, nous remplissons notre estomac. Nous nous faisons face et c'est comme si nous étions devant notre miroir. Nous n'avons pas idée du vide que nous remplissons. Nous remplissons la peur du temps qui ne passe pas. Nous avalons jusqu'à en avoir mal au ventre. Nous bétonnons, nous colmatons sans le savoir. Nous empêchons le vide de nous étouffer. Nous nous étouffons avec les crêpes que nous mangeons jusqu'à la dernière. Nous n'avons pas idée d'en laisser pour le frère et la sœur d'Helena. Cela ne nous effleure pas. Nous devons tout consumer sur place. Nous sommes couchées par terre dans le couloir. Nous sommes incapables de ne pas nous lamenter. Nous regrettons d'avoir gâché l'après-midi. Nous sommes dans le regret depuis la première seconde. Nous n'avons pu éloigner l'inéluctable. Nous sommes les victimes d'une force plus puissante que nous. Nous sommes des victimes consentantes. Nous promettons de ne jamais recommencer mais nous savons que quelque chose au fond de notre ventre risque de crier encore. Nous avons peur de ce cri, de cet appel dévastateur. Nous promettons avec la faiblesse des vaincus.

Pendant le repas, celle qui n'est pas ma mère se lève pour arrêter la chasse d'eau qui coule. « C'est pourtant pas compliqué, dit mon père, il suffit de baisser la languette tout doucement et d'accompagner le mouvement quand elle remonte. »

On entend dire dans la montée d'escalier que les gens du troisième ne sont pas comme les autres. On entend dire qu'on n'y comprend rien. Ça rentre, ça sort, ça monte, ça descend. On entend dire qu'il y aurait plusieurs familles. Les gens du troisième ont ajouté un nom sur leur boîte aux lettres. Ce qui confirme bien qu'il y a des allées et venues. Des cousins, des frères et sœurs. On entend dire que les Algériens du troisième exagèrent un peu. Notre immeuble n'est pas Bab el-Oued !

Mum, can I go out ? No, Sandra, you can't ! Can I phone a friend ? J'arrête le disque et répète : *Can I phone a friend ?* Sandra me donne la réplique. *Yes, you can.* Helena fume la cigarette qu'elle a trouvée dans le sac de sa mère. Nous ouvrons grand la baie vitrée pour chasser l'odeur. Un vent glacé s'engouffre dans l'appartement. Sandra dit qu'elle ne peut pas apprendre l'anglais dans ces conditions. Helena marche comme une vamp avec sa cigarette. Je ris et marche de la même façon en articulant exagérément : *Can I phone a friend ?* Sandra ne supporte pas le clan que nous formons, Helena et moi. Elle dit que nous sommes des petites putes.

J'enregistre le hit-parade avec le magnétophone de mon père. Patrick Juvet est numéro un. Il paraît qu'il vit en Suisse. Je chante *Au même endroit à la même heure* en me regardant dans la glace de l'entrée. Parfois, je suis gaie sans savoir pourquoi.

La date de ma communion solennelle tombe en même temps que celle des championnats de France de gymnastique. Le pire des dilemmes se pose à mes parents. Mon père dit qu'il n'a pas d'avis. « On se fiche pas mal de Dieu », il ajoute simplement. Celle qui n'est pas ma mère prétend qu'on ne peut pas renoncer à la communion. Personne ne me demande mon avis. Chacun parle à ma place. Mon cas existe soudain mais ce n'est pas moi qui existe. Mon cas devient une préoccupation. Dans ma prière du soir, je demande à Dieu que mes parents choisissent les championnats de France. « Notre Père qui êtes aux Cieux, je ne peux pas imaginer que mon équipe parte sans moi », « Je vous salue Marie pleine de grâce et suis sûre que vous ne m'en voudrez pas si, ce jour-là, au lieu de marcher solennellement en aube, je fais des figures sur la poutre avec mon justaucorps trop petit qui me rentre dans la raie des fesses. »

J'ai un bureau dans ma chambre, avec deux tiroirs. On dit que c'est aussi le bureau de ma sœur. Elle range ses affaires dans le tiroir du haut. On se bat pour s'asseoir au bureau. Quand ma sœur n'est pas là, j'ai hâte qu'elle revienne. Quand elle est là, elle prend ma place.

Je pars en colonie de vacances avec mon demi-frère à Saint-Laurent-du-Pont. Je joue au foot avec les garçons. Je connais toutes les règles.

Corner, hors-jeu, coup franc. Je marque un but avec la tête et deviens une héroïne. Je connais les équipes d'Europe, le Bayern de Munich, l'Ajax d'Amsterdam, je connais Cruijff et Beckenbauer. Lors d'une soirée mannequins, je défile habillée en footballeuse. Je ne veux pas être comme les autres filles, avec des jambes molles et des maux de ventre. Je ne veux pas être empêchée parce que je suis une fille. Je deviens une fille-garçon.

Mes classeurs sont parfaitement tenus. J'aime perforer les feuilles et coller des œillets. Chaque cours nécessite un petit bricolage. Chaque professeur a ses exigences, ses obsessions. Écrire les titres en rouge. Écrire à l'encre bleue. Souligner à la règle. Encadrer. Faire des paragraphes. Sauter une ligne. Petit un, petit deux. Grand A, grand B. Certains professeurs nous donnent des polycopiés. Ils doivent être collés, jamais agrafés. Il est purement et simplement interdit d'agrafer. Ils doivent être collés verticalement, jamais pliés en deux. Par pitié, ne pas plier les polycopiés. De grâce pas de stylos-billes. Chaque professeur a ses hantises, ses cauchemars. Chaque professeur pense que sa méthode est la meilleure. Chaque professeur a raison.

Le professeur de musique fait une commande groupée de flûtes à bec. Si certaines familles ne peuvent pas payer, il faut en parler au professeur. Il n'y a pas de honte à ne pas pouvoir payer. Une blanche vaut deux noires. Nous chantons en canon. Alain a la plus belle voix.

Mon emploi du temps est collé au-dessus de mon bureau. Le cours de ma vie s'affiche ainsi sur le mur de ma chambre. Dans le noir de la nuit, la feuille blanche est une tache claire qu'effleurent soudain les phares des voitures.

Ma sœur n'a pas d'emploi du temps. Le matin, elle espère arriver jusqu'au soir, et le soir jusqu'au matin.

À Saint-Laurent-du-Pont, nous passons près du dancing qui a brûlé. Il n'y a rien à voir. Quelques poutres calcinées tombées au sol. Des éclats de verre. Un pan de mur noirci. Je ne ressens rien. J'essaie de me concentrer pour éprouver de la tristesse. J'essaie de faire venir à moi quelques larmes mais l'idée de la centaine de victimes ne parvient pas à me toucher. Alors que la simple vision d'une femme dans la rue tenant son enfant par la main me plonge parfois dans une détresse totale.

Le soutien-gorge de ma sœur me va parfaitement. Les bretelles me sont même un peu serrées et ma poitrine occupe toute la place. Je garde le soutien-gorge toute la journée. J'ai peur que quelqu'un s'en rende compte. Je crois à chaque instant qu'Helena, puis celle qui n'est pas ma mère vont remarquer qu'il se passe quelque chose d'anormal sous mon pull.

Mes parents se plaignent d'entendre le voisin d'en dessous ronfler pendant la nuit. Le voisin nous fait peur. Il a une jambe raide. C'est un accident du travail, entend-on dans la montée d'escalier. Il paraît qu'un train lui a arraché le pied. Il paraît que sa jambe est en bois, dit-on devant les boîtes aux lettres.

Demain, dès l'aube, à l'heure où blanchit la campagne, / Je partirai. Vois-tu, je sais que tu m'attends. / J'irai par la forêt, j'irai par la montagne. / Je ne puis demeurer loin de toi plus longtemps. Victor Hugo.

Mon père est en grève. Il parle des syndicats. Il est en grève mais va tout de même au travail. Celle qui n'est pas ma mère parle d'occupation. Le langage de mon père pendant le repas du soir est incompréhensible. Je sais qu'il se passe quelque chose d'inhabituel. Mon père s'adresse enfin à mon demi-frère et à moi et dit sur un ton de reproche : « Tout le monde n'est pas obligé de savoir que je suis en grève, c'est pas la peine d'en parler à l'école. »

Claude François chante avec ses Claudettes. Son costume scintille et sa mèche bouge dans le rythme. Les filles sont plus grandes que lui. Il y a autant de blondes que de noires. Ça vaut le coup d'allumer la télévision quand elles sont là. On passe une bonne soirée.

Mon père et celle qui n'est pas ma mère se disputent à cause des championnats de France de gymnastique. Aucun d'eux ne veut aller trouver l'abbé Blanc pour lui demander la permission. « Ce n'est pas un curé qui va nous dire ce que nous avons à faire », dit mon père. Le bonheur d'avoir été sélectionnée se change en un problème si lourd qu'il anéantit toute la joie qui s'était emparée de moi.

Je remplis des feuilles au stylo encre. Mon écriture s'affirme. Je fais des ronds sur les *i*. Si je fais une faute, ce n'est pas grave, j'utilise mon effaceur. Je repasse par-dessus et tac, aucune trace. J'aime cette petite astuce. L'effaceur devient mon indispensable allié. J'imagine qu'il n'est plus possible de vivre sans effaceur.

Une équerre. Un rapporteur. Une gomme. Un carton à dessins. Un stylo quatre couleurs. Un taille-crayon avec réservoir. Un compas. Un double décimètre. Des protège-cahiers. Du papier-calque. Du papier millimétré. Des tubes de gouache.

Les calculatrices sont interdites.

Celle qui n'est pas ma mère parle des fonctionnaires avec dédain. Mon père n'apprécie pas. Celle qui n'est pas ma mère travaille dans le privé. Elle a moins d'avantages que mon père. Dans la pharmacie où elle passe ses journées, elle a une blouse blanche avec son nom écrit dessus. Elle connaît tous les médicaments, toutes les vitamines, toutes les crèmes de beauté.

J'appuie sur l'interphone de chez Helena. Je monte jusqu'au huitième. J'appuie sur la sonnette. La porte s'entrouvre. Je reste sur le paillasson. À l'intérieur, j'entends la mère d'Helena crier. Personne ne sort. J'attends derrière la porte, me reprochant d'être là. La lumière s'éteint et je ne rallume pas. Le temps passe et j'ai peur d'être en retard. Je n'ose pas sonner une deuxième fois. Je retiens mon souffle. Je me demande ce que fait Helena. La porte s'ouvre enfin et c'est son père qui apparaît et disparaît dans l'ascenseur. L'odeur d'eau de toilette est renversante.

Charles Martel a vaincu les Arabes à Poitiers en 732. Son fils Pépin le Bref se fait sacrer roi et fonde la dynastie des Carolingiens.

Ma grand-mère nous attend. Elle fait chauffer le café et allume la télévision. Mon père regarde le Grand Prix de Formule 1. Les W.-C. sont dans l'allée. C'est moi qui dois accompagner mon demi-frère. Celle qui n'est pas ma mère sort son tricot d'un sac en plastique. Elle parle d'emmanchures et de torsades avec ma grand-mère.

Mon autre grand-mère est en Algérie. Je ne la connais pas.

Celle qui n'est pas ma mère enroule de la laine autour de mes bras. Elle détricote un pull. Avec le pull de mon père, elle en fera un pour mon demi-frère et une écharpe pour ma sœur et moi. Je tends les avant-bras et essaie d'accompagner le mouvement. La laine est toute fripée. Elle chatouille légèrement mes poignets. À nous deux nous formons une petite machine un peu bancale, mais ça ne se voit pas.

Je fais souvent ce rêve étrange et pénétrant / D'une femme inconnue, et que j'aime, et qui m'aime, / Et qui n'est, chaque fois, ni tout à fait la même / Ni tout à fait une autre, et m'aime et me comprend. Paul Verlaine.

Mes cheveux sont trop noirs, mes yeux trop foncés. Helena me suggère de porter des couleurs claires. Elle est trop blonde, sa peau est trop blanche. Elle n'aime pas ses jambes et son nez.

Chez Helena, il y a un pèse-personne dans la salle de bains. Quand nous sommes seules, nous nous pesons à tour de rôle. Helena ne veut jamais se peser en premier. Notre poids est la révélation de la journée. Nous enlevons un kilo à cause de nos vêtements. Quand il monte, c'est un drame. Nous ne mangeons pas à midi. Le lendemain, nous nous jetons sur le pain et la confiture.

Je fais un mouvement impeccable à la poutre aux championnats de France. Je suis une des rares de mon équipe à ne pas tomber. Madame

Verdi me serre quelques secondes contre elle. Le soir, dans l'hôtel lillois, avec Marie-Laure et Solange, nous faisons des figures sur la moquette épaisse du couloir. *Flip, salto avant, coups de pied à la lune*... C'est la première fois que je dors à l'hôtel. Le parquet craque sous la moquette. C'est idéal pour le rebond. Quand le maître d'hôtel arrive dans le couloir, nous disparaissons dans nos chambres. Il nous menace : « Vous vous croyez où ? » Il demande à parler à notre entraîneur. Nous n'avons pas peur. Nous sommes ensemble, nous formons une équipe. Nous sommes solidaires.

Dans tous les triangles, la somme des mesures des trois angles est égale à cent-quatre-vingts degrés.

Alain habite dans l'immeuble d'Helena mais ne part jamais au collège en même temps que nous. Il est toujours amoureux de Marie-Laure et l'accompagne en vélo à l'entraînement de gymnastique. Quand il reste pour l'entraînement, Marie-Laure prend des risques, chute plus que d'habitude et se tord de douleur au sol. Il faut parfois l'allonger plusieurs minutes avant qu'elle ne se relève. Moi je ne tombe pas, je m'applique, je me concentre. Je regarde souvent vers lui, mais lui jamais vers moi.

Helena lit dans un magazine que le poids idéal se mesure par rapport à la taille, à laquelle il faut enlever dix unités. Exemple : pour un mètre soixante, il faut peser cinquante kilos.

Ma sœur doit rentrer bientôt à la maison. Celle qui n'est pas ma mère me demande de ranger notre chambre. Je vide la corbeille à papier, je rassemble mes onze poupées dans un coin. Ma sœur n'a pas de poupée. On lui a offert un baigneur pour un anniversaire. Elle l'a d'abord couché dans son lit tout habillé puis l'a abandonné sur le haut de l'armoire. La couche du baigneur est dans un tiroir du bureau et prend toute la place. Ma sœur ne met plus rien dans son lit, ni baigneur ni peluche.

Pour nous récompenser de nos bons résultats aux championnats de France, madame Verdi nous fait visiter Paris à notre retour de Lille. Nous montons au premier étage de la tour Eiffel.

Pendant les vacances, nous arrosons les plantes de madame Lestrade : un caoutchouc, un philodendron, des papyrus, des misères et un lierre qui fait le tour du salon. Celle qui n'est pas ma mère est admirative. Madame Lestrade lui fait des boutures de papyrus et lui conseille les bacs à réservoir d'eau.

On entend parler de ratonnade dans la montée d'escalier. Je ne connais pas ce mot. Je comprends que c'est un mot qui fait peur. On entend dire devant les boîtes aux lettres que c'est arrivé dans la nuit. Personne ne dit ce qui s'est passé exactement. Je devine que c'est grave. Je devine qu'autour de ce mot, quelque chose de nouveau existe. Il y a Algériens d'un côté et ratonnade de l'autre. Je comprends qu'il y a deux camps. Il y a aussi le silence. Ratonnade et silence. Je perçois de la gêne. De la honte. Je sais que personne n'en parlera à la maison. Je reste longtemps dans la montée d'escalier pour entendre tout ce qu'il y a à entendre. Mais rien ne se dit. Seulement ce mot nouveau, l'agitation embarrassée et la chape de silence autour.

Le chauffage s'arrête le quinze avril. Après, nous devons parfois ajouter un pull pour regarder la télévision.

La musique de Chopin m'enveloppe quand je répète mon mouvement au sol. J'aime les brusques accélérations, qui correspondent aux diagonales d'acrobatie – *rondade flip-flap salto* – puis la douceur et l'harmonie retrouvées sur lesquelles je tente l'expression d'une chorégraphie créée pour moi par madame Verdi. J'ouvre les bras en portant la tête haut. Je place mes épaules, dégage le menton, porte le regard loin devant. Je me laisse pénétrer par la musique. Je marque le tempo en même temps que madame Verdi tape dans ses mains. Je me concentre sur mes pas. *Saut de poisson cambré. Pirouette, jeté.* Pointes de pieds tendues. *Équilibre* amorti sur la poitrine. *Roulé au sol.* Doucement, être dans la musique. Puis c'est la tension finale. Dernière diagonale, risquée. Madame Verdi est à la parade. Je fonce et ça passe. J'ai trouvé le placement qu'il fallait dans les airs. Maîtriser mon corps dans l'espace. Grouper au bon moment. Déplier quand il faut. Je retombe au sol en même temps que la musique s'achève. Mon cœur bat. Je viens d'accomplir mon nouveau mouvement pour la première fois. Je viens de donner le meilleur de moi-même. Je suis heureuse et pourtant je pleure dans le vestiaire, puis sous la douche. Je dois apprendre cette réalité. Je réussis ce que j'entreprends et je pleure. Je reste longtemps sous le jet d'eau chaude. Je ne suis pas celle que tout le monde croit connaître. Je ne sais pas faire la différence entre la fatigue et le chagrin. Je suis si docile. Je suis celle qui va bien. C'est si lourd d'aller bien.

J'apprends l'Empire byzantin, le monde musulman, l'Empire carolingien. J'apprends la chrétienté, les seigneurs et leurs vassaux. J'apprends les rois de France, Christophe Colomb et Vasco de Gama.

J'apprends Mahomet, le Coran, l'organisation de la mosquée. J'apprends les mots *prophète*, *médine*, *hégire*, *sourate*. Rien sur l'Algérie.

Je dois apprendre. C'est-à-dire intégrer, ingérer. Ce qui est extérieur devient intérieur. Je dois mélanger le monde musulman avec mon monde à moi. Répéter des mots à voix basse dans ma chambre jusqu'à ce qu'ils restent en moi. Je dois capturer le monde, le retenir, le figer. Cela se passe dans mon cerveau mais aussi dans mon corps. *L'islam est une religion monothéiste dont Allah est le dieu unique.* Apprendre, c'est répéter, comme une prière. Cela fait mal au ventre. Chuchoter, faire le vide, oublier la vie autour. *L'islam est une religion monothéiste dont Allah est le dieu unique.* Je me concentre. Je ferme les yeux. J'insiste pour ne penser à rien d'autre qu'à la phrase à fixer. Ce moment est le plus difficile. Intégrer la phrase si profondément qu'elle prend toute la place. Je deviens la phrase, qui passe dans mon estomac, puis dans mon sang. Je visualise chaque mot, je retiens des détails qui vont m'aider. Je m'accroche aux *h* de monothéiste et d'Allah. Il est un moment où le transfert se produit, la phrase est imprimée comme une décalcomanie, je n'ai plus d'effort à fournir, la greffe a pris. J'apprends et retrouve la même force magique qu'à l'école primaire. Je grandis en même temps que j'apprends. Je me dilate à l'intérieur mais ça ne se voit pas.

Pour apprendre, les professeurs nous donnent des méthodes. Ils nous parlent de mots-clés, de plans, de trucs. Chaque fois que je dois apprendre, je fais mille autres choses avant. Je mange, je bois, je sors de ma chambre pour aller faire pipi, je regarde par la fenêtre les gens qui passent. Apprendre me fait peur.

Est-ce que ma mémoire peut tout contenir ? Est-ce que ce que j'apprends efface les souvenirs ?

Je n'aime pas me concentrer pour apprendre. Je n'aime pas entrer en moi. Être seule avec moi-même. Être immobile et perméable. J'essaie des jupes et des chemisiers. Je sors tous les vêtements de mon armoire et les étale sur le lit de ma sœur. Je sors aussi ses vêtements à elle, ceux qu'elle n'a pas emportés. Je m'habille avec les robes de ma sœur. Je me regarde dans le miroir du hall d'entrée. Quand le temps a trop passé, je m'assieds à mon bureau, le livre ouvert devant moi. Je prends ma tête entre mes mains et j'apprends dans le trou noir de mon cerveau.

Tracez (d1), la perpendiculaire à (AB) passant par C. Placez le milieu I de [AB]. Tracez (d2), la perpendiculaire à (AB) passant par I. Que peut-on dire de (d1) et de (d2) ? Justifiez à l'aide d'un chaînon déductif.

Nous vivons avec la menace permanente des interrogations écrites. Nous ne sommes jamais tranquilles. Nous savons qu'existent les interrogations surprises. Nous apprenons à traquer les indices. Quand tombe l'interrogation, une onde de solidarité se répand dans la classe. Nous échangeons des regards complices. J'aime ce moment où tout semble possible. Puis chacun se replie au-dessus de sa feuille et c'est chacun pour soi.

Celle qui n'est pas ma mère imagine que mon frère a la varicelle, puis la rubéole. Elle lui demande de tirer la langue. Elle lui demande de soulever son pull.

Je ne suis pas celle que tout le monde croit connaître. Je découvre le dedans et le dehors. À l'intérieur, quelque chose s'ouvre en moi. Un vide qui m'aspire, me neutralise. Je colmate ce gouffre en le remplissant de Mérovingiens, de conquêtes de Charlemagne, de poésies de Verlaine, de verbes irréguliers, d'explosions démographiques, de famines africaines. Je fais pénétrer en moi les végétaux, la chlorophylle, les roches volcaniques, l'érosion des paysages, les tropiques du Cancer et du Capricorne, les échinodermes et les brachiopodes. J'apprends chaque leçon dans son moindre détail. Je connais par cœur l'édit de Nantes, les *Fables* de La Fontaine, la description de la moule en coupe et le nom des quatre îles japonaises.

Mes professeurs sont satisfaits. Ils ne se doutent de rien. Ils disent que j'ai une bonne mémoire.

Helena aime Patrick. Patrick aime Brigitte. Brigitte aime Jean-Marc. Jean-Marc n'aime personne.

Alain aime Marie-Laure. Marie-Laure et Nadia aiment Alain. Alain, Marie-Laure, Helena, Jean-Marc, Patrick et moi allons faire du vélo mercredi après-midi avant l'entraînement. Nous pénétrons dans un château abandonné sur la route de Vancia. Nous laissons nos vélos dans un massif d'orties. Marie-Laure dit à Alain qu'elle ne l'aime plus (en fait elle aime Jean-Marc). Alain met un coup de poing dans une vitre du château. Son poignet est en sang. Il retourne vers son vélo. Marie-Laure embrasse Jean-Marc à deux pas de la vitre ensanglantée. Helena n'embrasse personne. Patrick s'approche de moi. Mais je préfère Alain qui ne me voit pas. Pour rendre Alain jaloux, je me laisse embrasser par Patrick. Nous sommes dans la pénombre et il fait un peu froid. Je propose qu'on s'embrasse dehors au soleil.

Les mots qu'on utilise en mathématiques n'ont rien à voir avec les mathématiques : *les puissances, les identités remarquables, les tangentes, les racines carrées*. L'expression que je préfère est *le plus petit dénominateur commun (P.P.D.C.)*.

Ce qui est compliqué quand on s'embrasse avec Patrick, c'est qu'on ne sait pas quoi faire avec nos mains. On reste les bras le long du corps et on garde les yeux ouverts. Je suis un peu plus grande que lui et suis embarrassée de sa maladresse. J'aimerais embrasser un garçon qui sait ce que je ne sais pas.

Celle qui n'est pas ma mère prend mes mensurations pour me confectionner une robe. Mon demi-frère est couché. Le bruit de la machine à coudre nous empêche d'entendre. On gratte derrière la porte. Quand nous ouvrons, mon père tombe par terre. Je crois qu'il est blessé. Nous le tirons jusqu'à la chambre des parents. Celle qui n'est pas ma mère lui enlève ses chaussures, comme on voit faire dans les films, et nous essayons de le monter sur le lit. Elle tire d'un côté et je pousse mais il est trop lourd. En fait, je ne pousse pas, je ne fais rien, je suis paralysée. Mon père a le visage égratigné. Je ne comprends pas ce qui se passe. Je crois que la situation est grave et celle qui n'est pas ma mère rit. Mais elle ne rit pas comme d'habitude. Son rire est un rire de supériorité. Mon père tente de se redresser. Il a l'air perdu. Je suis embêtée d'être dans la chambre des parents, une pièce où les enfants ne doivent pas rentrer. Je suis à genoux sur la descente de lit, comme chez l'abbé Blanc quand je me confesse. Quand mon père me voit, il se cache le visage avec ses mains. Celle qui n'est pas ma mère dit qu'il sent l'alcool. Elle continue de rire. Mon père essaie de rire aussi, mais une larme glisse le long de son nez.

C'est un tableau avec une chèvre au pied d'un arbre. Je dois dessiner une chèvre à ma façon dans mon cahier de dessin, en face du tableau de Picasso. J'arrondis les angles et change les couleurs. J'ajoute des feuilles sur l'arbre déplumé. Je tente de m'approcher de la réalité.

Ma sœur pose son sac sur son lit quand elle revient à la maison. Elle ne range pas ses affaires dans l'armoire. Elle ouvre les deux tiroirs du bureau et cherche quelque chose. Elle déplace tous les objets. Elle scrute l'étagère comme si elle en découvrait chaque livre, chaque bibelot. Elle ouvre sa boîte à bijoux et la petite musique se met en route. Elle inspecte la penderie, fouille dans les poches de mes vêtements. Elle grimpe sur le premier barreau de l'échelle des lits superposés et soulève mon oreiller. Elle fait comme si je n'existais pas, ne regarde pas vers moi. Je suis debout vers la fenêtre, je deviens un suspect. Elle est à deux mètres mais je la sens si loin. La fille qui revient sème la pagaille dans notre chambre. Je ne la reconnais pas. Cette fille n'est pas ma sœur, mais une copie de ma sœur avec des gestes nouveaux, des regards qui fuient. Elle ne s'allonge pas sur son lit comme elle le fait d'habitude quand elle rentre à la maison. Elle ne prend pas possession des lieux. Elle n'ouvre pas la fenêtre pour voir la rue dehors. Elle fait comme si elle était de passage. Comme si elle n'était pas chez elle. Elle ne dit rien. Elle ne se précipite pas devant le miroir pour arranger les mèches de ses cheveux. Elle ne m'embrasse pas. Pour la première fois, elle n'a pas besoin de moi.

Pour mon anniversaire, je reçois un bracelet avec sept anneaux. Un par jour de la semaine. Chaque anneau argenté a un dessin différent. Je porte mon nouveau bracelet toute la journée au poignet droit. Quand je me brosse les dents, je suis obligée de l'enlever à cause du bruit, un peu exagéré, et du regard ulcéré de ma sœur.

Les mots que j'entends à la maison quand mon oncle vient manger et que je ne comprends pas : *harki*, *fellaga*, *djebel*, *barbouze*, *bougnoule*.

Une voiture se renverse sur la pelouse sous nos fenêtres. C'est une R8 Gordini qui a manqué son virage. Elle se retourne sur le toit à l'endroit où nous faisons du patin à roulettes. Tous les enfants du quartier accourent. Je reste sur le balcon et observe la scène en tremblant. Le conducteur met longtemps à sortir de l'habitacle. Il rampe par la fenêtre ouverte et s'allonge sur le dos dans la pelouse. Il fait beau, il y a des pâquerettes de partout, et des trèfles. J'ai peur que l'homme ne meure dans l'odeur du printemps.

C'est un trou de verdure où chante une rivière / Accrochant follement aux herbes des haillons / D'argent ; où le soleil, de la montagne fière, / Luit : c'est un petit val qui mousse de rayons. Arthur Rimbaud.

Celle qui n'est pas ma mère confectionne un rideau pour mettre dans notre chambre. Elle achète une tringle et dit qu'il lui manque la Rufflette. Mon père monte sur un tabouret pour percer des trous, puis grimpe sur notre bureau. Celle qui n'est pas ma mère est sur le côté, la tringle dans les mains, surveillant que le bureau ne s'affaisse pas. Mon père redescend sans avoir percé : la mèche n'est pas la bonne. Le rideau n'est pas posé. Il s'agit d'un essai. Le soir, avec sa machine à coudre, celle qui n'est pas ma mère fait l'ourlet à la bonne mesure. J'enfile les crochets dans les fentes de la Rufflette. Demain, en principe, mon père achètera la bonne mèche.

Mike Brant s'est jeté du sixième étage. Nous l'apprenons à la télévision pendant le repas. Nous mangeons en relevant la tête vers le poste à chaque bouchée. Celle qui n'est pas ma mère et mon demi-frère tournent le dos à l'écran que mon père déplace sur une table roulante. On voit l'immeuble où vivait Mike Brant. On le voit chanter *C'est comme ça que je t'aime*. On voit celui qu'on appelle son imprésario. Pour marquer la mort de Mike Brant, nous ne prenons pas de dessert.

Qui, que, quoi, dont, où, auquel. Exercice : Dans les phrases suivantes, relevez les propositions subordonnées relatives : 1- Ma sœur a acheté une robe que je trouve très laide. 2- Le machin vert *est l'endroit où les enfants s'arrachent les cheveux. 3- Quelle est cette voix que j'entends parfois dans mes rêves ? 4- L'homme que nous apercevons sur le trottoir d'en face est l'abbé Blanc. 5- Je ne vous dirai pas ce à quoi je pense. 6- C'est un dimanche dont on ressort épuisé.*

Avant de commencer le cours, notre professeur de français nous demande de cracher nos chewing-gums. Elle insiste. Elle passe dans les rangées avec la poubelle et nous oblige à cracher. Nous disons que nous n'avons pas de chewing-gum. Elle refuse de nous croire et passe une deuxième fois. Quand elle s'approche, nous nous sentons en faute même si nous n'avons rien dans la bouche. Elle nous fixe avec un regard suspicieux. Nous sommes sur le point de cracher notre langue.

Mon père joue aux boules quand il est de la brigade du matin. Il joue *à la lyonnaise*. Il ne faut pas confondre avec la pétanque. Les boules sont plus grosses et il faut courir avant de tirer. Mon père est tireur, c'est-à-dire qu'il dégomme les boules placées par l'adversaire. On dit aussi jouer *à la longue*. Il s'inscrit parfois à des concours. Il a gagné le tournoi de Pentecôte et a ramené une coupe.

Je répète une petite mélodie à la flûte à bec. Le son est désagréable. Ma sœur quitte la chambre. Je recommence au début. L'air passe n'importe comment dans les trous. J'ai l'impression que mes doigts sont tordus.

Quand nous nous blessons à l'entraînement, nous demandons la trousse de secours à madame Verdi. Nous nous massons avec une pommade que nous appelons la *moutarde*. À la maison, la *moutarde* s'appelle l'Arnica.

À la fin du trimestre, j'ai les félicitations du conseil de classe. Alain aussi. Cette distinction devrait nous rapprocher. C'est d'abord ce que je crois. Avoir les félicitations ne procure pas que des avantages : je déteste le professeur qui me demande de réciter à voix haute la poésie que j'ai composée avec Helena sur le thème du printemps :

Le printemps est de retour, l'univers renaît / Voici enfin les beaux jours, toute la nature s'égaie / Le murmure d'un ruisseau éveille les premières fleurs / Et de duveteux roseaux s'élancent avec langueur / De timides pâquerettes se hissent sur leurs courtes tiges / Et de délicates violettes encore frileuses se figent.

Désormais, Alain m'appelle *Courte tige*.

Les photos d'Algérie se décollent. Il faut les maintenir quand on tourne les pages de l'album. Mon père est en tenue de militaire devant l'entrée de la caserne. Il a les deux mains glissées dans un gros ceinturon et un calot sur la tête. Ma sœur est dans une bassine d'eau. Son ventre est plein de bourrelets et ses cheveux sont déjà noirs et frisés. Un bras maintient ma sœur dans la bassine. C'est sûrement le bras de maman. Sur la page suivante, maman ne veut pas qu'on la prenne en photo. Je suis toute nue sur un pouf avec des arabesques. Je mange mon pied. Je trouve cette photo indécente.

Des palmiers, des bougainvilliers, des hélicoptères en forme de banane, des bâtiments décrépis, des Jeep. Du noir et du blanc. Pas de souvenir. Rien. Un vide à aménager.

Je sais faire des phrases longues et complexes. Je connais chaque accord, chaque terminaison. Je sais utiliser le mot juste et l'adjectif qui arrondit les angles. Je sais manier la langue pour dire la cause et l'effet, la nuance et le doute. Je maîtrise (à peu près) la concordance des temps. Je sais être précise ou évasive. Je comprends les possibilités qu'offre la langue. Je peux décider de chaque mot, en principe.

Je peux écrire, avec mes mots, une histoire que je n'ai pas choisi de vivre.

La langue me donne une arme mais me met en danger. La langue libère et prend au piège. La langue me séduit, m'ouvre le monde à l'infini. Cependant, il est des phrases que je n'ose pas composer, des mots que je ne suis pas capable d'assembler.

Ma langue maternelle est une langue étrangère.

On s'habitue aux Claudettes à la télévision. Elles ne sont pas toujours très synchronisées mais elles peuvent tout se permettre. On n'imagine plus Claude François sans ses Claudettes. L'une a été remplacée et ce n'est plus tout à fait pareil. Mon père le remarque tout de suite. Il les préfère à Mireille Mathieu qu'il imite en chantant « Oui, je crois ! »

Helena ne peut plus fermer son pantalon. Elle se couche sur son lit pour remonter la fermeture Éclair. Elle se lève sans respirer.

C'est la mode des pantalons ronds. Sans pli, comme un tube. J'en ai un vert sapin tout juste acheté au marché. Quand la vendeuse demande mon tour de hanches, je dis soixante-dix-neuf. Elle a un petit sourire. J'essaie le pantalon à l'arrière de la camionnette, au milieu des cartons. La vendeuse me tend une glace déformante et affirme que la taille est parfaite. Il me serre un peu à l'entrejambe mais sa coupe me plaît beaucoup. Demain, je le mets pour aller au collège.

Mon père doit vidanger le moteur de la voiture. Il met des vieux vêtements et descend à la cave pour chercher des outils. Il dit qu'il en a pour une heure à peine. Il remonte pour dire que ça prendra plus d'une heure : les écrous sont grippés. Il met du cambouis sur la poignée de la porte d'entrée. Il remonte encore pour demander une bassine. Celle qui n'est pas ma mère pose la pâte Arma en évidence sur l'évier.

Mon demi-frère se tient raide sur sa chaise, le plus loin possible de son assiette. Mon père en face encourage celle qui répète : « Goûte au moins. » Il dit la même chose après elle, comme en écho. Puis « ouvre la bouche ». Puis « mâche ». Puis « avale ». Quand c'est de la viande, mon demi-frère ne peut avaler. Mon père lui sert un verre d'eau en répétant « avale ». Mon demi-frère finit par cracher la boulette de viande remâchée au bord de son assiette et nous regarde par en dessous comme un chien coupable.

L'appareil digestif est l'ensemble des organes du corps qui permet la digestion des aliments. Il est composé des éléments suivants : l'œsophage, le foie, l'estomac, le pancréas, le gros intestin et l'intestin grêle.

Celle qui n'est pas ma mère veut que nous prenions des fortifiants. Elle casse des ampoules qu'elle sectionne à l'aide d'une petite scie et vide le contenu dans le verre de mon demi-frère. Elle rajoute du sirop de grenadine, et ni vu ni connu.

Mon père et son beau-frère feuillettent *Pif poche* dans la chambre de mon demi-frère en hurlant de rire. Roger redit la phrase à voix haute plusieurs fois : « Que ma binette bine et pommes croquerons. » J'imagine qu'il y a un message derrière cette phrase, une des ces choses que je comprendrai « plus tard ». Je pense que c'est à propos des mots *binette* et *bine*.

Le professeur de géographie nous répète qu'elle ne tolère pas les cahiers à spirale.

Est-elle brune, blonde ou rousse ? – Je l'ignore. / Son nom ? Je me souviens qu'il est doux et sonore / Comme ceux des aimés que la Vie exila. / Son regard est pareil au regard des statues, / Et, pour sa voix, lointaine, et calme, et grave, elle a / L'inflexion des voix chères qui se sont tues. Paul Verlaine

Je répète ma poésie dans ma chambre. Je répète mécaniquement, comme toutes les poésies que j'ai apprises, sans en comprendre le sens. *Comme ceux des aimés que la Vie exila.* Ça ne rentre pas. Inutile d'insister.

Entre chaque heure de cours, la sonnerie. Le format cinquante-cinq minutes devient notre norme, notre temps-étalon. Toujours le même schéma. Le désordre des cinq premières minutes. La brève adaptation au langage du professeur. Puis la lente immersion dans le vif du sujet. L'oubli de soi. La pénétration mentale. L'étonnement quand la compréhension est palpable, quand la connaissance mord dans une chair vivante, qui palpite, se cabre. Le plaisir d'éprouver le monde qui s'inscrit en soi, en modifie la substance. Une version du monde ordonnée, classée, rangée. Le monde inoculé à petites doses. Matière après matière. Les petits compartiments sur la feuille de nos emplois du temps nous permettent de grandir dans des cases à nos dimensions.

L'école contient notre horizon.

Helena m'invite dans sa maison de campagne. Nous roulons vers le sud. Son père est au volant. Sa mère se met du rouge à lèvres en se regardant dans le miroir du pare-soleil. D'autres personnes sont déjà là quand nous arrivons. Des gens de la famille d'Helena. On me présente comme si j'étais l'événement de la journée. Je ne sais comment me comporter dans une maison de campagne. D'autant qu'il se met à pleuvoir et que nous devons rester à l'intérieur. Il n'y a pas de lumière à cause des fenêtres étroites. Nous jouons au rami. La mère d'Helena demande à son père s'il ne peut pas aller fumer dehors. L'après-midi, nous mangeons des tartines de confiture sur du pain de campagne, comme dans le feuilleton *Les Fargeot* que je regarde parfois à la télévision. La mère d'Helena enveloppe le pain dans un torchon. Le père d'Helena veut m'apprendre à jouer aux échecs, mais je ne parviens pas à retenir les règles. Impossible d'enregistrer les consignes qu'il me donne. Je mélange tout. Je ne comprends pas le but du jeu, je ne fais pas la différence entre une tour et un cavalier. Je sens que je perds mes moyens. Le père d'Helena renonce. Il est déçu et j'ai honte. Il demande : « Tu es pourtant une bonne élève ? » Il fait du feu et nous restons le reste de la journée à regarder le feu.

Je me couche souvent à vingt-deux heures dix, l'heure de la fin du film. Les films à la télévision commencent à vingt heures quarante et durent une heure trente. La France entière est priée de se coucher ensuite. Quand je regarde les fenêtres de l'immeuble d'en face, une partie s'éteint après vingt-deux heures dix. On entend les voisins du dessus bouger. On entend le bruit des chasses d'eau. Ceux qui n'ont pas encore tiré leurs volets le font à vingt-deux heures dix. En été, on entend le générique de fin qui résonne d'une fenêtre à l'autre. Comme un cinéma géant à l'échelle de la cité.

Ceux qui restent éveillés après vingt-deux heures dix sont des gens spéciaux.

La mère d'Helena fait ses courses à La Vigne et le Jardin. Un homme en tablier attend les clientes devant la porte. Il a un crayon coincé derrière l'oreille. Celle qui n'est pas ma mère dit que le vendeur ne lui inspire *rien qui vaille*. Je crois deviner ce que cela veut dire.

Je ne sais comment cacher les boutons qui gagnent du terrain sur mes joues. Je cherche dans les tiroirs de la salle de bains. Je débouche un tube de fond de teint asséché et tente de *masquer les imperfections*, comme le propose le mode d'emploi. Quand je monte chercher Helena, j'essaie de ne pas me placer face à elle, mais toujours de côté, pour qu'elle ne remarque rien. Arrivée au collège, je marche en baissant la tête. J'ai l'impression que tout le monde ne voit que mon fond de teint.

La colline derrière chez nous doit être rasée. Il est prévu la construction d'une école primaire. Mon père dit qu'on n'a pas fini de voir passer des bulldozers. Il nous demande de ne pas nous réjouir trop vite (en fait il s'adresse à mon demi-frère) : il n'est pas question que nous allions jouer sur le chantier.

La chasse d'eau est cassée. Mon père sort sa caisse à outils et fait des essais. Au repas, il nous donne les nouvelles consignes pour tirer la chasse : « Laisser la languette abaissée à fond. Ensuite seulement, il faut lâcher. »

Voici quelques extraits d'un livre intitulé La Disparition *de Georges Perec. À votre tour, rédigez un texte d'une dizaine de lignes dans lequel vous n'êtes pas autorisé à utiliser la voyelle* e.

Quand il fait beau, il arrive que mon père chante : « Voilà du couscous chérie, voilà du couscous ! »

Nous jouons au Monopoly après le repas. Mon demi-frère ne connaît pas bien les règles. Celle qui n'est pas ma mère joue avec lui. Ma sœur achète tout, immeubles, hôtels. Mon père aussi. Moi, je suis plus prudente. J'ai peur des réparations. Les rues que je préfère sont l'avenue Henri-Martin rouge et la rue de Vaugirard bleu clair.

Quand celle qui n'est pas ma mère rentre de la pharmacie, mon père est parfois encore aux boules. Elle ne dit rien mais on sent que son humeur change. Au moment où elle commence d'éplucher les légumes, on entend le bruit de la mobylette de mon père qui entre dans la cave.

Le dimanche, nous mangeons souvent un poulet rôti acheté au marché. Celle qui n'est pas ma mère espère que Giscard d'Estaing ne s'invitera pas à manger chez nous. Dans la montée d'escalier, tout le monde parle de Giscard qui vient mettre les pieds sous la table des Français. Ce serait drôle, entend-on devant les boîtes aux lettres, que Giscard vienne manger le méchoui chez les Algériens du troisième !

Dans *Salut les copains*, on parle de Michel Polnareff. On ne sait rien de sa vie. Je me demande s'il a une femme et où il va en vacances. Le secret de Michel Polnareff est encore plus étonnant quand j'entends sa voix à la radio. *I love you Because* entre au hit-parade. Je le trouve différent des autres chanteurs, je le classe à part. Mon père et son beau-frère Roger rigolent quand sort son disque avec le chapeau qui tient tout seul. Là encore, je me doute qu'il se trame quelque chose que je comprendrai « plus tard ».

Dans ma classe, les élèves s'appellent Sapina, Rovira, Foulquier, Garcia, Martinez, Reverzy, Lopez, Schiano, Grandin, Toledo, Candella, Blanc, Bensela, Hagège, Figari. Les garçons ont le regard profond et les sourcils qui se touchent. Ils portent des gourmettes avec leurs prénoms.

I come - I came. I buy - I bought. I give - I gave. I see - I saw. I understand - I understood. I take - I took. I break - I broke. I speak - I spoke. I get - I got.

En deuxième langue, la plupart des élèves choisissent espagnol. Sauf quelques-uns qui prennent allemand.

Championnat du Rhône de gymnastique catégorie minimes. Marie-Laure n'est pas là, ma rivale de Villefranche-sur-Saône non plus. Le résultat se joue entre Delphine Ducerf de Givors et moi. J'ai l'avantage tout du long. Pourtant, la musique de Chopin ne m'attend pas. Je commence mon mouvement au sol avec un temps de retard. Je réussis un saut de lune simple mais avec une réception parfaite au saut de cheval. Je ne tombe pas à la poutre. Au contraire, je suis à l'aise et enchaîne mes demi-tours sans déséquilibre. Ce qui creuse la différence est mon enchaînement aux barres asymétriques. Je tente un *tour avant lâché* sur la barre supérieure. Ça passe, à mon étonnement, aucun de mes pieds ne heurte la barre. Je ne lâche ni trop tôt ni trop tard. Je flotte une fraction de seconde à trois mètres du sol et rattrape la barre dans un mouvement ample apparemment maîtrisé. La réussite du tour avant me donne des ailes pour ma sortie en vrille. Quand mes pieds se plantent dans le tapis, j'ai l'intuition que c'est possible. Je peux être championne aujourd'hui. Je connais le résultat avant qu'il ne soit officiel. Madame Verdi me dit à l'oreille que je suis championne du Rhône. J'ai quatorze ans et je monte sur le podium. Delphine Ducerf est sur la deuxième marche. Je ne sais pas où regarder quand je reçois ma coupe. Il n'y a que des inconnus dans les tribunes. Ce jour aurait pu être le plus beau de ma vie.

On entend parler de la crise pétrolière. Bientôt, on ne pourra plus mettre d'essence dans les voitures. Celle qui n'est pas ma mère dit qu'elle s'en fiche. Elle va travailler en bus.

Aux informations, on parle du crime de Bruay-en-Artois. On entend dire qu'il y a un notaire, une forêt et une jeune fille morte. Mon père vient me chercher après l'entraînement de gymnastique pendant plusieurs semaines.

Bruno Sapina est à l'hôpital, brûlé au deuxième degré. Notre professeur principale nous donne de ses nouvelles. Il s'est brûlé le torse en aidant son père à allumer un barbecue sur son balcon. Il paraît qu'il a utilisé de l'essence.

Je mets un foulard devant mon visage et me regarde dans le miroir de la salle de bains. Seuls les yeux et le front dépassent. J'ai le type méditerranéen, il n'y a pas de doute.

Celle qui n'est pas ma mère a l'idée de mettre la table de la cuisine sur le balcon pour manger dehors. Ma sœur et moi essayons de passer la table dans l'embrasure de la porte-fenêtre. Le plateau passe mais ce sont les pieds, inclinés, qui bloquent. Nous revenons en arrière puis faisons une nouvelle tentative. Une fois la table installée sur le balcon, il n'y a pas assez de place pour disposer les chaises. Nous essayons plusieurs combinaisons en mettant la table tantôt en large, tantôt en long, mais rien ne va. Celle qui n'est pas ma mère, qui ne nous croit pas, vient vérifier de ses yeux que nous ne pouvons pas manger dehors. Les balcons dans nos immeubles ne sont pas prévus pour cela. Tant pis, nous mangerons la fenêtre ouverte, c'est toujours ça.

Nous ne savons quoi faire de notre après-midi. Avec Helena, nous décidons d'aller à pied jusqu'au Mammouth. Nous longeons la fabrique de feux d'artifices, puis les plantations maraîchères. Nous marchons le long de la route. Plusieurs voitures nous klaxonnent. Nous regrettons d'être parties à pied. Un sentiment étrange nous envahit. L'endroit est désert et nous préférons faire demi-tour.

Le règlement prévoit que les locataires ne doivent pas étendre leur linge de façon visible sur les balcons. Le Tancarville arrive à la hauteur de la balustrade, ce qui est parfait. Quand celle qui n'est pas ma mère lave les draps, elle les étend sur un fil et tire le volet. « Ce qui n'est pas le cas de tout le monde dans l'immeuble », fait-elle remarquer.

Le marchand de tapis passe entre les immeubles en criant « Tapis mon'zami ! » Il parle avec des hommes penchés à leur fenêtre. Il a un bonnet sur la tête et une djellaba par-dessus son pantalon.

Ma grand-mère nous sert du sirop de citron et du pain d'épice qu'elle coupe en tranches. Mon grand-père lit le journal et occupe une grande partie de la table. Nous sommes assis sur des chaises qui grincent. Mon père regarde le championnat du monde d'athlétisme à la télévision. Je dis à mon demi-frère qu'il peut aller seul aux W.-C. dans l'allée.

Souvent, pour s'amuser, les hommes d'équipage / Prennent des albatros, vastes oiseaux des mers, / Qui suivent, indolents compagnons de voyage, / Le navire glissant sur les gouffres amers. Charles Baudelaire.

Ma sœur veut se faire défriser les cheveux. C'est son seul sujet de conversation. Elle ne supporte plus son image, son visage, son grain de beauté au milieu du front. Ma sœur se met du noir aux yeux. Mon père dit qu'il faudra que ça change quand elle retournera au collège.

L'école m'éloigne de la maison, me protège. À l'école, nous construisons notre monde, qui n'est pas celui des parents. Nous inventons un univers parallèle, presque étanche où n'existent ni notre histoire ni notre origine. Dans la Zone à Urbaniser en Priorité, nous sommes tous des enfants de la guerre d'Algérie, sans le savoir. Nous n'avons pas conscience que l'Afrique du Nord est inscrite dans nos veines. Pieds-noirs, Algériens, harkis, fils d'immigrés partagent le même espace. Ceux qui sont des Français d'Ardèche et de Haute-Savoie sont des enfants d'*appelés* en Algérie. Impossible d'y échapper. Les photos de palmiers et de bougainvilliers sont dans tous les albums, les roses des sables sur tous les buffets. La déchirure de la guerre dans toutes les mémoires. Mais les enfants que nous sommes se heurtent au silence. Les questions que nous posons dans nos appartements restent sans réponse. Nous marchons sur de la braise encore brûlante et personne ne veut nous raconter notre histoire. Nous savons que la Méditerranée a baigné le destin de nos pères, qu'elle en a fait des hommes nostalgiques. Mais personne n'a le courage de nous enseigner les détails de la folie algérienne.

Rien dans mon livre d'histoire. La guerre d'Algérie n'est pas au programme.

Celle qui n'est pas ma mère m'a acheté une paire de chaussures à semelles compensées. Ce sont des chaussures d'été. Je les mets pour aller au collège. Par-dessus, mon pantalon est large et long et recouvre la chaussure presque en entier. Par contre, quand je suis assise en classe, la chaussure est complètement découverte. En cours de français, le professeur a installé la classe en U. Ceux qui me font face ont une vue imprenable sur mes nouvelles chaussures.

Notre professeur de sciences naturelles nous invite à disséquer une grenouille. Certaines filles, pour attirer l'attention, disent qu'elles ne sont pas capables de tenir le scalpel. Elles accentuent leur côté fille-fille. Elles pensent que les filles sont plus sensibles que les garçons. Elles sont près de s'évanouir. Les garçons, au contraire, se portent volontaires pour une dissection immédiate. Ils pensent que les garçons doivent apporter la preuve de leur virilité.

Ce sont toujours les mêmes fenêtres qui restent allumées dans l'immeuble d'en face quand je me lève la nuit pour aller faire pipi. Celle du huitième étage à droite et celle en plein milieu. Une fenêtre allumée dans la nuit est toujours un mystère.

À la récréation, nous achetons des pains au chocolat. Avec l'argent, le collège financera un voyage en Angleterre pour les quatrièmes.

Quand il fait beau, nous allons pique-niquer au bord de l'Ain. L'eau est trop froide pour nous baigner, mais nous faisons des ricochets avec les galets blancs. Mon père emporte sa canne à pêche. Celle qui n'est pas ma mère sort les Tupperware qui contiennent le repas froid : haricots verts en salade, sauce vinaigrette, poulet, chips, bananes et Vache qui rit.

Mon père fait des essais avec l'antenne de la télévision. Impossible de capter la deuxième chaîne. Il place l'antenne sur un tabouret près du poste. Mais les parasites empêchent l'image d'apparaître. Il tient l'antenne à bout de bras, la dirige vers le balcon, déplace le tabouret. Rien n'y fait, ce sera une soirée sans télévision.

Dans la plaine les baladins / S'éloignent au long des jardins / Devant l'huis des auberges grises / Par les villages sans églises. Guillaume Apollinaire.

Le collège est le lieu des fous rires. Des vagues nous saisissent à tout moment, qui se propagent, enflent, se calment puis reprennent de plus belle. Les fous rires se déclenchent pour rien. *L'atome* devient *la tome* en cours de physique et c'est Helena qui suffoque. Le professeur de mathématiques shoote malencontreusement dans la poubelle en se retournant et ce sont les rangées du fond qui explosent. Les fous rires nous sauvent de la contrainte d'apprendre, de la voix monocorde du professeur d'histoire. Nous unissent les uns aux autres par un sceau mystérieux, une union presque sacrée. Les fous rires nous distinguent des adultes, posent clairement la limite.

Nous sommes des chiens fous faciles à dompter. Nous découvrons l'étrange plaisir d'être ensemble, petite bande faussement révoltée. Nous rions d'un rien parce que nous apprenons qu'on peut rire de tout. Nous rions parce que nous ne savons pas comment nous parler. Nous osons ce que nous n'oserions pas à la maison. Nous agissons devant témoin, nous avons une place à conquérir, nous avons tout à prouver.

Nous n'admirons plus les bons élèves. Nous avons un faible pour les redoublants, les mauvaises têtes, les insolents.

Hello ! It's Bill. – Hi, Bill. Nice to hear you. Where are you ? – I'm in London for the weekend with two friends, Dennis and Julie. Je suis sur l'estrade avec Philippe Ramirez. – *Great. Come over to my place and we can have tea together.* Philippe Ramirez parle anglais avec une pointe d'accent pied-noir.

Ma sœur veut changer la disposition de notre chambre. Elle veut inverser la place des lits et de l'armoire. Elle a entendu dire qu'il fallait dormir la tête au nord. Celle qui n'est pas ma mère me prie de ne pas la contrarier.

Mon demi-frère demande s'il peut lui aussi changer ses meubles de place. Il ne sait pas vraiment où est le nord.

Mes parents veulent faire installer le téléphone. Ils en parlent à chaque repas. C'est une petite révolution. Je pourrai parler à Helena tout en restant chez moi.

L'école est un spectacle permanent. C'est un lieu du suspens. On peut être envoyé au tableau à tout moment. On apparaît les bras le long du corps, dans la même position embarrassée que quand on embrasse un garçon pour la première fois. On apparaît déshabillé, de face ou de trois quarts, ne quittant pas des yeux le visage du professeur qui attend quelque chose qui ne vient pas. L'école enseigne l'humilité. La justice et l'injustice.

Mes parents cherchent une école spéciale pour ma sœur. Ils utilisent le téléphone. Ils disent qu'ils ont déjà amorti l'abonnement.

Quand j'ai une compétition de gymnastique, je mets mon repas de midi dans un sac à tyrolienne en toile beige. Au Casino, je choisis un petit jambonneau, des carrés frais Gervais et des Chamonix Orange. Ma sœur me dit que ce sac appartenait à maman.

Il est demandé cinq francs par élève pour la pièce de théâtre. Les parents ont signé une autorisation. On en parle depuis longtemps. C'est un événement, c'est Molière, c'est culturel. Un car nous prend devant le collège et nous conduit à Lyon au Théâtre du Huitième. Les garçons s'installent au fond du car. Helena me fait savoir que Rachid m'a gardé une place à côté de lui. Tout le monde insiste. Je suis embêtée pour Helena, qui reste seule, et m'assois, assez excitée, à côté de Rachid. Notre professeur de français nous parle de l'attitude que nous devrons avoir une fois arrivés au théâtre. Elle est bien plus impatiente que nous. Ce que nous préférons dans les sorties, c'est le voyage en car. Pendant *Le Bourgeois gentilhomme*, je raconte à Helena ce que m'a dit Rachid. Puis je me tais parce que nous devrons écrire un résumé de la pièce. Ce qui me plaît dans le théâtre est le volume, l'obscurité et le rideau de velours rouge qui me confirme qu'il existe d'autres mondes que la Zone à Urbaniser en Priorité.

Au retour, Rachid me demande si je ne suis pas un peu algérienne. Il dit qu'il a l'œil.

Quand le téléphone sonne, celle qui n'est pas ma mère répond : « Oui, j'écoute ! » Elle parle si fort que nous sommes obligés de fermer la porte.

Marie-Laure veut arrêter la gymnastique parce qu'elle se trouve trop musclée. Elle dit qu'elle ressemble à un garçon. Avant l'entraînement, nous nous retrouvons chez moi avec Solange et mesurons nos tours de mollets, de cuisses, de biceps avec le mètre de couturière. C'est Solange la plus musclée. Le plus impressionnant est notre planche abdominale.

Nous découvrons Nadia Comaneci en regardant les championnats d'Europe à la télévision. Nous décidons de continuer la gymnastique.

Je suis chez le dentiste et j'attends mon tour. Quand la porte s'ouvre, je dis bonjour gentiment. Ensuite, je souffre gentiment. Je me fais dévitaliser une dent. J'ai des larmes qui viennent au bord des yeux. À la fin je remercie gentiment. Je suis une fille trop gentille.

J'aime les jours où nous mangeons du pain perdu. Celle qui n'est pas ma mère ferme la porte de la cuisine à cause de l'odeur. Mon demi-frère trempe le pain dans le jaune d'œuf. C'est moi qui retourne le pain dans la poêle. Ce jour-là, nous pouvons manger à moitié debout.

Celle qui n'est pas ma mère regarde au fond de notre gorge. Elle met sa main sur notre front, prend notre pouls. Elle imagine un refroidissement, une montée de température. Elle me reproche de ne pas m'habiller assez, de sortir en pull.

Le repas est prêt. Mon père n'est pas rentré. Celle qui n'est pas ma mère tourne dans la cuisine, met la table, regarde encore une fois par la fenêtre et me demande d'aller chercher mon père aux boules. Je fais traîner avant de mettre mes chaussures, espérant que mon père arrivera entre-temps. Je descends l'escalier de l'allée en guettant le bruit de la mobylette. Rien n'indique son retour. Je longe l'avenue qui descend vers le

Casino, les mains dans les poches de ma veste en laine. Je sens le regard de celle qui n'est pas ma mère accroché derrière mon dos. Je passe devant La Vigne et le Jardin et traverse derrière l'ANPE. Je contourne la place du marché et arrive près des installations sportives. Les terrains de boules sont au fond. Je marche le long d'un grillage, débouche sur une esplanade où volent de petits nuages de poussière. Personne ne prend garde à moi. Je pense que je vais apercevoir mon père. Je m'avance puis finis par demeurer sur place. Mes yeux balaient l'ensemble du terrain de boules. Les hommes sont encore nombreux. Le soleil se couche mais il y a toujours de la lumière. Je me dirige vers un baraquement qui est sans doute le vestiaire et la buvette. L'intérieur est sombre et enfumé. Je ne me sens pas à ma place dans ce lieu réservé aux hommes. Je n'ose entrer vraiment. Je reste un moment, indécise, sur le pas de la porte et préfère ne pas voir si mon père est ici. J'entends des morceaux de phrases prononcées à l'intérieur, des mots criés plus fort. J'entends des mots français et des mots arabes. Des rires, des plaisanteries, des emportements. J'entends : « Si t'es pas content, tu retournes dans ton pays. »

Je ne veux pas voir ce qui se passe dans le préfabriqué. Les hommes qui boivent, ceux qui jouent aux cartes ou aux dominos. Je recule. Je fais demi-tour et rentre à la maison. J'espère que mon père m'aura devancée sur sa mobylette. J'espère que nous nous serons croisés. Je rentre et dis que je ne l'ai pas trouvé. Comme le jour où madame Durel m'a envoyée chercher la mère de Maryse Blacher, je dis que je n'ai pas trouvé mon père. Mais cette fois je ne mens pas. Je dis la vérité et je me sens coupable. Je ne veux pas de complicité entre celle qui n'est pas ma mère et moi. Je ne veux pas trahir mon père. Mais, à cause d'elle, j'ai entendu des mots dans le préfabriqué que je comprendrai « plus tard ».

a x b + a x c = a x (b+c)

Mon oncle est installé dans le canapé de la salle à manger. Il écrase ses cigarettes dans le cendrier à pied. Quand il appuie sur le bouton-poussoir, la cigarette disparaît. Celle qui n'est pas ma mère ouvre la fenêtre pour aérer. Au bout d'un moment, mon oncle parle du djebel, de son fusil-mitrailleur et des *fellouses* en embuscade. Il fait des gestes et prend mon père à témoin. Il oublie qu'il a été invité pour mon anniversaire. Il recommence avec ses histoires de nuits et de peur. Mon père a l'air gêné. Il se lève pour ouvrir une bouteille puis il lui demande gentiment de changer de disque.

Fruit qui jaillissez du couteau, / Beauté dont saveur est l'écho, / Aurore à gueule de tenailles, / Amants qu'on veut désassembler, / Femme qui portez tablier, / Ongle qui grattez la muraille, / Désertez ! désertez ! René Char.

Je pense à la question de Rachid. *Quand le papa aime très fort la maman, il est capable de faire pénétrer sa verge* française *dans son vagin* algérien.

À l'école, j'apprends la Terre qui tourne, la Lune et le Soleil, Vénus, Uranus et Jupiter. J'apprends l'attraction terrestre, la gravitation, la pomme de Newton. J'apprends le méridien de Greenwich, le Golfe Stream, les aurores boréales.

J'apprends le nerf optique, la pupille et l'iris. J'apprends le carpe et le métacarpe, le bulbe rachidien, l'hypothalamus.

Tous les soirs, j'apprends. Je répète des formules, des phrases, des poésies. Je répète dans ma chambre, face à la fenêtre. J'avale, j'engrange, je mâche et remâche le monde. J'apprends plus ou moins l'infini.

Et j'ai beau apprendre, m'appliquer à apprendre toutes les leçons inscrites dans mon cahier de textes, j'ai beau me réciter à moi-même toutes les phrases obligées, je sais ce que l'école ne m'apprendra jamais.

J'apprends l'histoire des peuples lointains, l'histoire des autres, des Gaulois, des Romains, des Égyptiens. J'apprends Ulysse et le Cyclope. L'ère quaternaire, les mammouths, l'âge de pierre. J'apprends la conquête de l'Amérique, les Incas, les Vikings et les Huns. Mais personne ne m'apprend mon petit bout d'histoire à moi, ma traversée de la Méditerranée, ma triste épopée.

Je suis sur le *machin vert* avec ma sœur. Je suis trop grande pour faire le cochon pendu. Nous sommes assises en équilibre l'une face à l'autre. Nous balançons nos jambes dans le vide. Il fait trop chaud pour rester dans l'appartement. Il n'y a pas d'air et rien ne bouge. Ma sœur regarde vers moi. Nous avons tout le temps. C'est comme un bout d'éternité. Ma sœur revient vers moi et ma question arrive. Je lui demande, à deux mètres du sol, si elle se souvient de l'Algérie. En équilibre sur le *machin vert*, avec les barreaux de métal qui me brûlent les cuisses, je demande à ma sœur si elle se souvient de maman.

Ce volume a été composé par
I.G.S. - C.P. à L'Isle-d'Espagnac (16)

Achevé d'imprimer en juin 2005
sur presse Cameron
dans les ateliers de
Bussière
à Saint-Amand-Montrond (Cher)
pour le compte des Éditions Stock
31, rue de Fleurus, 75006 Paris

Imprimé en France

Dépôt légal : août 2005
N° d'édition : 59100. – N° d'impression : 052438/4.
54-51-5805/4
ISBN : 2-234-05805-8